[illegible]

behalve.

Soemang. wek[illegible] herinneren [illegible] ikambe

Sâling. [illegible] Dalin.

De tuinen van Buitenzorg

Van Jan Brokken verschenen eerder:

De provincie
De zee van vroeger
Zaza en de president
De moordenaar van Ouagadougou & Een basiliek in het regenwoud
Mata Hari, de ware en de legende
Met musici
De regenvogel
Het eiland van Jean Rhys
Vulkanen vanaf zee
Spiegels
De blinde passagiers
De droevige kampioen
Nog een nacht
Jungle Rudy
Voel maar
Zoals Frankrijk was
Mijn kleine waanzin
Waarom elf Antillianen knielden voor het hart van Chopin
De wil en de weg
Het hoe
In het huis van de dichter
Feininger voorbij
Baltische zielen
De vergelding
Blok, de boekhandelaar van mijn vader
De Kozakkentuin
De gloed van Sint-Petersburg
De rechtvaardigen
Zeedrift (verzamelde verhalen)
Stedevaart

Jan Brokken

De tuinen van Buitenzorg

Uitgeverij Atlas Contact
Amsterdam / Antwerpen

Eerste druk januari 2021
Tweede druk februari 2021
Derde druk maart 2021

Omslagontwerp Roald Triebels
Omslagillustratie Olga in de Toradja-landen
Foto auteur Leonardo Cendamo © Hulton Archive / Getty Images
Foto p. 6-7 's Lands Plantentuin te Buitenzorg;
p. 212-213 De Tromplaan, Makassar
Typografie binnenwerk Elgraphic
Drukkerij Wilco

MIX
Papier van verantwoorde herkomst
FSC® C004472

ISBN 978 90 450 4382 1
D/2021/0108/510
NUR 301

www.janbrokken.nl
www.atlascontact.nl

In de verte klonken de enkeltonige klanken van de gamelan,
weemoedig, als van een waterheldere glazen piano,
met telkens er tussen een diepe dissonant...

Louis Couperus, *De stille kracht*

De waarheid ligt ergens anders,
in een nog door geen mens ontdekt terzijde.

W.G. Sebald, *Austerlitz*

I

Op een late zomermorgen hoor ik op de radio een pianostuk dat geschreven is door een componist van Poolse origine en de titel 'De tuinen van Buitenzorg' draagt. Een wonderbaarlijk mooi stuk van een minuut of vijf dat ik onmiddellijk associeer met het ruisen van palmen, een specifiek geluid dat, schreef mijn moeder ooit in een brief, aan harken doet denken, aan geduldig bladeren harken. Ik zet de radio harder en ben in één keer terug in de Kebun Raya Bogor, de majestueuze hortus botanicus van Bogor.

Tot 1949, het jaar van de Indonesische onafhankelijkheid, heette het 's Lands Plantentuin te Buitenzorg. Ik hoorde mijn ouders er verscheidene malen over praten, ofschoon met grote tussenpozen, om niet toe te geven aan het onmogelijke verlangen naar wat voorbij was. Aan het begin van hun veertienjarig verblijf in Indië brachten ze afwisselend vijf maanden in Batavia en zes weken in Buitenzorg door. Dankzij de ligging op driehonderd meter hoogte was Buitenzorg merkbaar koeler dan Batavia, ook al regende en onweerde het er erg vaak en voelde de lucht klam aan. De natuur was van een overweldigende pracht.

Terwijl mijn vader 'nastudeerde' aan de Hogere Theologische School in Buitenzorg, wandelde mijn moeder – nu ja, de jonge vrouw die mijn moeder zou worden – alle dagen in de tuinen. Of speelde dicht bij 's Lands Plantentuin haar eerste potjes badminton, een sport die toen net populair aan het worden was in Azië en door zowel vrouwen als mannen werd beoefend, al dan niet in gemengd dubbel, wat huiveringwekkend modern was in die jaren. Badminton wordt meestal binnen gespeeld vanwege de windgevoeligheid van de shuttle, maar in de nabijheid van zoveel palmen en bamboehagen in Buitenzorg deed mijn moeder het buiten.

Olga was in 1935 een vrouw – ik zou bijna schrijven: een meisje – van drieëntwintig voor wie het leven plotseling vaart en diepgang begon te krijgen en voor wie de ene na de andere wereld openging, in een bijna duizelingwekkend tempo. Vierenveertig jaar later, toen ik op het punt stond naar Indonesië te vertrekken, vertelde ze me dat ze in de tuinen van Buitenzorg op slag verliefd was geraakt op de tropen, niet alleen gevoelsmatig maar ook zintuiglijk, door alle geuren. De omvang van de hortus botanicus was enorm, zevenentachtig hectare, en 's Lands Plantentuin liep over in de paleistuin van de Gouverneur-Generaal, waardoor het geheel nog veel groter oogde. Wandelend langs vijvers, met waterlelies zo groot en fel van kleur dat ze als vuurwerk uit het water leken te schieten, begon ze iets van de uitzinnigheid van de tropen te begrijpen. Het rood van de bloemen was roder dan bloed.

Van de soorten planten en bomen die ze passeerde, zag ze de meeste voor het eerst. Ik stel me voor dat ze onder een witte parasol liep en een hoed van gaas droeg met brede randen die haar zowel tegen de zon als tegen de muggen beschermde – haar huid was witter dan sneeuw en kon bijzonder slecht tegen een overmaat aan uv, iets wat ik van haar heb geërfd. Ze zal zich niettemin vaak voorovergebogen hebben om een naam te lezen en in haar hoofd te prenten. Niemand in de tropen kan louter in de schaduw leven.

Vóór haar vertrek had ze in drie jaar tijd Maleis geleerd. Ze had zich in 1932 met mijn vader verloofd, en op dat moment stond al vast dat hun toekomst in Indië zou liggen. Ook wisten ze al geruime tijd wat hun eerste, voorlopige standplaats zou worden: Makassar, de hoofdstad van Celebes. Na hun verblijf op Java zouden ze er met een mailboot heen varen, een reis van drie dagen en nachten.

Olga had een enorme achterstand aan kennis in te halen. Mijn grootvader was met alleen een zakje aarde en verder met helemaal niets uit Tsarskoje Selo naar Nederland gekomen en had onderdak gevonden bij een schoenmaker in Leiden, die hem het vak had geleerd. In het nabijgelegen Oegstgeest was hij schoenen gaan repareren, in een werkplaats die de gehele benedenverdieping van een woonhuis in beslag nam en die hij aanduidde als 'mijn atelier'. Kort na zijn huwelijk met een niet onbemiddelde boerendochter uit Noord-Holland was hij een schoenenwinkel begonnen in de voornaamste winkelstraat van het dorp, maar het bestaan bleef een gevecht voor hem en hij vreesde ieder moment weer met lege handen te staan. Over zijn vier dochters had hij een salomonsoordeel geveld: de oudste mocht doorleren voor onderwijzeres, de tweede (mijn moeder) moest het doen met een diploma huishoudschool, maar mocht weer wel haar pianostudie afmaken waaraan ze op achtjarige leeftijd was begonnen, de derde kon naar de kweekschool voor kleuterleidsters en de vierde ten slotte moest het doen met twee jaar huishoudschool. Opleiding, bewezen ze met zijn vieren, zegt ook niet alles; je kunt nooit voorspellen hoe het in je verdere leven loopt. De jongste zus, mijn tante Galina, die er qua opleiding het poverst van af was gekomen, zou als rijkste sterven, en mijn moeder als meest ontwikkelde.

Naast Maleis leerde Olga Makassaars in woord en geschrift. Het laatste betekende dat ze zich het Brahmischrift moest eigen maken, iets wat haar uiteindelijk vijf jaar zou kosten maar grote voldoening gaf. Mijn vader, de intellectueel, kreeg het niet onder de knie. Brahmi is een *abugida*, een schriftsysteem waarin de belangrijkste tekens de medeklinkers zijn; ook het Arabisch kent dit schrift, dat van rechts naar links wordt geschreven. Vergeleken met het Makassaars vond Olga het Maleis een makkie – dat hanteert het Latijnse schrift. Door het Makassaars werd ze nieuwsgierig naar het Boeginees, dat weer een ander schrift heeft, het Lontara, dat dichter bij het Oud-Javaans en het Soendanees ligt dan bij het Makassaars. Het Boeginees, dat door zo'n anderhalf miljoen mensen in het zuidwesten van Celebes werd gesproken, kon Olga na jaren inspanning verstaan en langzaam spreken. Schrijven kon ze het niet en met lezen bleef ze moeite houden, maar ze kende de taal toch voldoende om in contact te kunnen treden met Boeginezen, een volk van vorsten, vissers, boeren en bovenal van roekeloze varensgasten die alle zeeën van Azië bevoeren op driemasters die sinds de 18de eeuw niet noemenswaardig waren veranderd. Ze volgde cursussen Duits en Engels, Indische cultuurgeschiedenis, Aziatische godsdiensten en een cursus EHBO voor de tropen. Ze nam ook nog eens orgelles zodat ze in de kerk van Makassar het gezang kon begeleiden, want ja, mijn ouders geloofden dat ze een beschavingsmissie hadden te vervullen in een uithoek van de Indische archipel. Ze deden het uit overtuiging; in hun bagage ging een hoop idealisme mee, ofschoon ze zich in Buitenzorg al een tikkeltje ongerust afvroegen hoe het allemaal zou uitpakken.

2

Ik wilde de tuinen van Buitenzorg beslist bezoeken toen ik in 1991 op weg was van Jakarta naar Bandung en Yogyakarta. Ik was aan mijn tweede reis door Indonesië begonnen; tijdens de eerste, in 1979, had ik vier weken op Bali en drie weken op Celebes vertoefd, nu was ik voor lezingen op Java, 'op dienstreis' heette dat in de tijd van mijn ouders.

Ik schrijf 'Celebes' omdat ik die naam thuis altijd heb gehoord, het moet natuurlijk Sulawesi zijn, zoals het eiland sinds de onafhankelijkheid is gaan heten. Maar sommige namen hebben een oude, vertrouwde klank die ze eigenlijk nooit zouden mogen verliezen, omdat anders iets weggesneden wordt uit je verleden.

Met een minibus was ik in drie uur in Bogor. De overgang was nog veel groter dan in de tijd van mijn ouders: van een aanhoudend verstopt, claxonnerend, schreeuwend, krioelend Jakarta met negen miljoen inwoners die de uitlaatgassen van drie miljoen auto's in- en uitademden, naar een provinciestad met slechts één miljoen inwoners waarvan de groene long, de hortus, de voorbode was van de uitgestrekte theeplantages ten zuiden van de stad. Ook een drukke stad trouwens, met een kwart miljoen brommertjes die allemaal opgevoerd leken, zoals wij op ons zestiende deden door wat gaatjes in de knalpijp te boren. Toen ik de tuin binnenliep duurde het een tijdje voor alle herrie uit mijn oren was verdwenen en plaatsmaakte voor het ritselende ruisen van de wind in de hoge palmen.

Groen redt iedere stad, het schijnt dat bomen een sterk kalmerend effect op stedelingen hebben en de ergste agressiviteit wegnemen. De Kebun Raya telt veertienduizend tropische planten en bomen, van woudreuzen tot zachte vinnetjespalmen – de naam is zo suggestief dat je de bladeren wilt aanraken. Van de palmenfamilie staan vrijwel alle soorten in de tuin, een kleine vierduizend.

Lange, brede, door kanariebomen omzoomde lanen doorkruisen de hortus. Voor jongeren de ideale plek om te flirten tijdens eindeloze wandelingen onder het groengele bladerdak. Gezinnen picknickten op de gazons, ofschoon dat eigenlijk verboden was. Soms wenkte een man en bood me iets te eten aan; ik wist dan niet hoe ik moest reageren. Ik voelde een schuchterheid die me vreemd was en misschien zelfs een lichte schaamte, waarvoor ik geen steekhoudende verklaring kon bedenken.

Op de achtergrond schemerde steeds de voormalige ambtswoning van de Gouverneur-Generaal. Van het gebouw viel af te lezen wat de in Delft afgestudeerde bouwmeesters voor ogen stond toen ze in de tropen aan de slag gingen: een heldere, ranke architectuur, tot in de details doordacht, niet te overdadig, evenmin te bescheiden, met een voorkeur voor het classicisme.

De ambtswoning hadden de koloniale architecten twee

keer mogen ontwerpen. Buitenzorg was in 1745 gesticht op de hellingen van de uitgedoofde vulkaan Salak, maar het oorspronkelijke buitenverblijf bleek niet bestand tegen de aardbeving van 1834. Het nieuwe paleis kwam in 1856 gereed. Door de zuilengalerij heeft de façade iets van een theater, de muren zijn wit, de daken door de Hollandse pannen rood. Soekarno, de eerste president van Indonesië, had niets tegen dit bolwerk uit de koloniale tijd en bestemde het direct na de soevereiniteitsoverdracht tot presidentieel zomerpaleis, een van de weinige van zijn besluiten die zijn opvolgers niet in twijfel trokken.

De botanische tuin is ouder dan het paleis en werd in 1817 door Caspar Georg Carl Reinwardt gesticht, een Pruis die op veertienjarige leeftijd naar Amsterdam was gekomen om er aan het Athenaeum Illustre chemie en botanie te studeren. De Illustere School was de voorloper van de Universiteit van Amsterdam en genoot een internationale reputatie. In 1815, toen de Fransen vertrokken waren en Den Haag weer ernst begon te maken met het koloniale gewin, werd Reinwardt naar Java gestuurd als directeur landbouw, wetenschap en kunst – dat hoorde in die tijd nog allemaal bij elkaar. Hij richtte de hortus op om een plek te creëren 'die aan den weetlust voldoening geeft'. Reinwardt wist in korte tijd negenhonderd plantensoorten bijeen te brengen, mede door de expedities die hij vanuit Buitenzorg naar Timor, de Molukken en Celebes ondernam.

Zijn opvolger was opnieuw een Duitser – tot ver in de 19de eeuw bleef Nederland een immigrantenland. Voor een botanicus droeg hij de toepasselijke naam Blume. Hij kwam uit Braunschweig in Nedersaksen en had aan de universiteit van

Leiden gestudeerd. Carl Ludwig Blume was gek op orchideeen en legde de basis voor de omvangrijke collectie die nu nog steeds te zien is in de kassen van de Kebun Raya Bogor en drieduizend soorten omvat. Hij was het ook die de *Rafflesia arnoldii* in de regenwouden van Borneo aantrof en naar 's Lands Plantentuin overbracht: de grootste bloem op aarde met een diameter van één tot drie meter en een gewicht tussen de tien en vijftien kilo. De rafflesia verspreidt tijdens de bloeitijd de afschuwelijke stank van rottend vlees en lokt trossen aasvliegen aan. Gelukkig bloeit ze slechts één keer in de drie jaar, maar ook een nog lang niet ontloken bloem ruikt al naar een lijk dat te lang in de zon heeft gelegen. Dat de grootste bloem de geur van verderf verspreidt, heeft iets van een boosaardig sprookje.

Pas de derde directeur van de plantentuin was een Nederlander, ofschoon ook hij weer van Duitse komaf was: de ouders van Johannes Elias Teijsmann kwamen uit Noordrijn-Westfalen. Voor Teijsmann is een monument in de tuin opgericht omdat hij achtendertig jaar de scepter over de hortus zwaaide. Hij ondernam talloze expedities en bracht als eerste 133 planten uit het toen nog nauwelijks in kaart gebrachte Nieuw-Guinea naar Buitenzorg over. Van alle directeuren was hij de minst geleerde en de meest ondernemende. Na de lagere school werkte hij als tuinman, of eigenlijk als tuinknecht, op het landgoed De Menthenberg bij Arnhem, als hulpje van zijn vader. Op zijn achttiende werd hij tuinknecht in Voorburg bij generaal Johannes graaf van den Bosch, die hem, toen hij benoemd was tot Gouverneur-Generaal van Nederlands-Indië, meenam naar Buitenzorg. Teijsmann maakte van 's Lands Plantentuin een schitterend park. En hij deed nog iets, merkte ik toen ik de volgende dag mijn tocht van Bogor naar Bandung vervolgde: hij stichtte in 1852 de Bergtuin van Tjibodas (nu: Cibodas) aan de voet van de berg Gede. Die tuin is nog groter dan die van Buitenzorg, ligt 1300 tot 1425 meter boven de zeespiegel en heeft door de gemiddelde temperatuur van achttien graden een compleet andere flora dan het tropisch laagland. In Tjibodas begon Teijsmann met het kweken van de kinaboom, waaruit kinine kon worden getrokken, het eerste medicijn tegen malaria.

Zijn opvolger, Rudolph Scheffer, leek voorbestemd voor Buitenzorg. Vanaf het moment dat hij schoolging was iedereen in zijn omgeving ervan overtuigd dat hem een grote loopbaan in de wetenschap te wachten stond, van de hoofdonderwijzer op de lagere school in het dorpje Poortugaal tot de conrector van het Erasmiaans Gymnasium in Rotterdam, die hem na schooltijd hielp de oude talen bij te spijkeren. Na zijn kandidaats wis- en natuurkunde aan de universiteit van Utrecht spoorde de botanicus Friedrich Miquel hem aan om plantkunde te studeren en bereidde hem voor op zijn functie van directeur van 's Lands Plantentuin. De Nederlandse regering verstrekte Rudolph een studiebeurs van duizend gulden 's jaars en stuurde hem voor een stage naar de Kew Gardens in Londen – de fameuze Royal Botanic Gardens, misschien wel de indrukwekkendste botanische tuin ter wereld – en de Jardin des Plantes in Parijs. In Buitenzorg voerde Scheffer een groot aantal hervormingen door. Er werd hem niet veel tijd gegund, elf jaar na aankomst op Java overleed hij aan een leverkwaal, maar hij gebruikte die jaren alsof de duvel hem op de hielen zat. Hij richtte een museum op en een bibliotheek om het wetenschappelijk karakter van de botanische tuin te benadrukken, en een landbouwschool voor jongens van Java en Sumatra, een van de eerste scholen die de landskinderen toelieten. Tegelijkertijd gaf hij de plantentuin internationaal wetenschappelijk cachet door vanaf 1876 de *Annales du Jardin Botanique de Buitenzorg* te publiceren. Het jaarlijkse tijdschrift bleef tot 1940 bestaan; als je geluk hebt kun je nu nog een aflevering vinden in Parijs bij een van de boekenstalletjes aan de Seine. Alles wat erin stond was interessant, want pas ontdekt.

De botanicus Melchior Treub zette een punt achter alle 19de-eeuwse romantiek en maakte van 's Lands Plantentuin een modern en effectief onderzoekscentrum voor tropische plantkunde. Hij richtte in Buitenzorg het eerste biologische proefstation ter wereld op en liet in 1902 aan de rand van de tuin de Middelbare Landbouwschool bouwen, ook weer een fraai gebouw, dat tegenwoordig het Institut Pertanian Bogor huisvest, het Instituut voor Landbouwwetenschappen, de grootste agrarische universiteit van Indonesië. Het Treub Laboratorium, een wit tempeltje in de tuin, herinnert eraan dat Treub tevens de oprichter van de Maatschappij ter Bevordering van het Natuurkundig Onderzoek was, die wetenschappelijke expedities organiseerde naar Siboga, Noord-Nieuw-Guinea, Zuid-Nieuw-Guinea, Seram, Mimika en het Sterrengebergte. Op zoek naar planten, dieren, kennis en – natuurlijk, want alles draaide in de koloniën om het gewin – naar grondstoffen.

De kwaliteit van het onderzoek bleef hoog. Bioloog Lourens Baas Becking, van 1946 tot 1948 directeur van 's Lands Plantentuin, gebruikte als eerste de term 'milieukunde'. Van hem is de hypothese 'alles is overal, maar het milieu selecteert'.

Een specht, maar dan een vuurrode, zonder enig zwart op de vleugels, pikt in de doornige bast van een kapokboom. Tijgervinkjes en rijstdiefjes strijken tussen de struiken neer. Ik loop onder de hoogste boom die ik ooit zag, een kamferboom met een witte stam en een waaier aan mintgroene bladeren. De eucalyptussen verspreiden de kruidige geur van kajapoetolie.

Mijn moeder had dat als jonge vrouw allemaal precies zo gezien en geroken. Ik vond dat een merkwaardige gewaarwording, alsof ik een domein betrad dat al lang geleden was afgesloten en waarvan ik nu het hek weer openduwde. Ik stapte uit mijn tijd in de hare, en vroeg me af of dat werkelijk mogelijk is, of je je niet alleen in een andere persoon maar ook in een ander tijdsgewricht kunt verplaatsen.

3

Mijn verknochtheid aan botanische tuinen is bijna even oud als ikzelf. Mijn grootvader – de vader van Olga – nam me iedere herfst- en paasvakantie mee naar de Hortus botanicus in Leiden. Niet één keer maar om de twee, drie dagen. We liepen er vanuit Oegstgeest heen.

Mijn grootvader geloofde in het nut van beweging; tot aan zijn tachtigste jaar begon hij zijn dag met een stevige stap. Na de wandeling toog hij aan het werk; nietsdoen achtte hij gevaarlijker dan welke ziekte dan ook. Hij kreeg gelijk, toen hij zijn leest ten slotte in de steek liet om eindelijk een beetje uit te rusten en van zijn pensioen te genieten, kon hij geen stap meer verzetten en was hij binnen twee jaar dood.

Heen en terug naar de botanische tuin was 5,6 kilometer oftewel anderhalf uur wandelen, voor mijn grootvader precies goed, want hij streefde naar een minimum van vijf kilometer per dag. Dat heb ik van hem overgenomen, ik begin mijn dag nog altijd met een flinke wandeling in een doorstaptempo. Sommige dingen van je leven zijn wel degelijk bepaald, ofschoon je dat ook weer niet moet overdrijven: veel kun je naar eigen wens uitvoeren, gewoon omdat je er zin in hebt. Willen is kunnen, zei mijn moeder altijd.

De Hortus, die deel uitmaakt van de universiteit, ligt midden in Leiden, achter het Academiegebouw aan het Rapenburg. De tuin eindigt bij de koepels van de Oude Sterrewacht. Alles in dat stukje stad is gericht op kijken, observeren, bestuderen. Ik vond het heerlijk rond te dwalen tussen de reusachtige varens en palmen of in de lauwwarme serre met de vlinders. 'Hortus botanicus' waren de eerste Latijnse woorden die ik leerde, en ik koesterde ze als een geheimtaal, die ik alleen met mijn grootvader deelde.

De hortus was oorspronkelijk aangelegd als Hortus medicus, een tuin met geneeskrachtige planten die bij de geneeskundige faculteit hoorde. Mijn grootvader vertelde over de kruiden, de varens en de palmen alsof hij ze zelf was wezen halen in de tropen en het hem heel wat hoofdbrekens had gekost. De meeste waren afkomstig uit 's Lands Plantentuin, maar dat wist ik toen nog niet. Misschien wilde hij me vooral iets laten zien van het land waaruit mijn moeder, toen nog niet eens zo lang geleden, was teruggekeerd, want hij was ongelooflijk trots op zijn Olenka. Hij maakte eens een terloopse opmerking die ook voor hemzelf gegolden moet hebben: 'Je moeder heeft als enige het ouderlijk huis durven loslaten en is weggevlogen als een vogel.' Zoals alles wat hij zei – en dat was heel erg weinig, hij kon kilometers lopen zonder een woord te zeggen – vond ik dat op een geheimzinnige manier mooi. Sindsdien is me opgevallen dat vogels nooit omkijken als ze wegvliegen.

Hij liet me aan bepaalde planten of kruiden ruiken, en zei: 'De geur van ver weg.' Op de terugweg trakteerde hij me op een stuk appeltaart met slagroom of een wafel met twee bollen ijs, terwijl hij voor zichzelf alleen een kopje koffie bestelde. Soms stak hij een sigaar op, een bolknak die bij de kop dikker was dan bij het mondstuk, maar na drie, vier trekjes, doofde hij die weer en deed hem terug in de kartonnen doos. Het was alsof hij altijd bezig was iets op te sparen, voor wanneer de tijden bar werden.

'Had u vroeger niet veel?' vroeg ik hem een keer. Ik sprak hem altijd met 'u' en 'grootvader' aan, misschien omdat hij voor mijn moeder altijd 'vader' was gebleven en nooit de knusheid van 'papa' of 'pa' had verkregen. Hij had inderdaad niets van een 'pappie', hij was er te afstandelijk voor, te knorrig, te Russisch.

Had hij nooit veel gehad? Of was alles hem afgepakt? Of – dat leek me nog avontuurlijker – had hij zijn fortuin verspeeld tijdens een uit de hand gelopen kaartspel? Ik had horen zeggen dat ze dat deden in Rusland; alles inzetten, alles verliezen, waardoor ze het ene moment schatrijk konden zijn en het volgende een bedelaar.

Mijn grootvader gaf me niet direct antwoord en verzuchtte na een tijdje: 'Het was een lange weg...'

Drie woorden: een lange weg. Meer zou hij er nooit over zeggen.

Hij stond een beetje buiten de wereld, mijn grootvader. Anders dan mijn grootmoeder, over wie gezegd werd dat ze van iedere stuiver een dubbeltje maakte. Zij was een ietwat bazige vrouw, bestierde het huishouden, runde de winkel, gaf de winkelmeisjes instructies, snauwde ze af. Mijn grootvader liet zich nooit in de schoenenzaak zien, hij verkoos de geborgenheid van zijn atelier. Een jaar of vijf na de oorlog verkocht hij de winkel, dat deed hem niets; het pijnlijkste moment uit zijn leven was toen hij zijn atelier moest verlaten. Hij was erg op zichzelf, iets wat mijn moeder van hem heeft geërfd, en ik weer van haar. Hij wandelde alleen, iedere dag alleen, behalve als ik er was. Ik denk dat hij tijdens die wandelingen met zichzelf sprak, misschien wel in de taal waarin hij was opgevoed. Mijn moeder vond hem de fijnste vader op de wereld, juist omdat hij zo eenzelvig was, zo stil en teruggetrokken, juist omdat hij uit den vreemde kwam en probeerde dat zo goed mogelijk te verbergen. Met haar moeder zou ze pas later een band krijgen, toen ze al jaren in Indië woonde.

4

Olga leidde in Batavia en Buitenzorg ''t pensionleven', zoals ze het in een van haar eerste brieven uit Indië noemde. Ze vond het even prettig als ik later het hotelleven. Het zorgde ervoor dat zij en mijn vader binnen enkele maanden wenden aan hun nieuwe bestaan, ver weg van hun geboortegrond. 'Kom je nu in Indië aan en ga je direct in een eigen huis wonen, dan zit je daar als twee vergeten burgers,' schreef ze aan haar zus. Ze zocht steeds de grootste tafel uit voor de middag- of de avondmaaltijd, zodat ze met zo veel mogelijk gasten in contact kon komen.

In Buitenzorg logeerde ze in Huize Marianne. Ik zag de naam op een vergeelde foto. In hetzelfde pension trof ze een kennis uit Oegstgeest, Annie, die al een tijdje op Java verbleef en haar snel en gedecideerd wegwijs wilde maken in het Indische leven. De dagen daarop zag ze Annie regelmatig terug, tegen het einde van de week begon ze haar te mijden. 'Ik vond haar in Oegstgeest al nooit zo erg sympathiek en in Indië is ze er niet op vooruitgegaan. De eerste dagen dat we hier waren had ze beslist een verkeerde invloed op me. Je bent daar als nieuwkomer toch al zo vatbaar voor. Nu trek ik me er niets meer van aan wat ze zegt en troef haar soms af. Ze foetert en scheldt op iedereen, heeft een Indisch meisje in dienst dat ze niet aardig vindt en nu zijn volgens haar meteen alle Indo's krengen. Zo ook met de Inlanders: die deugen niet en je moet voor ze oppassen. Ze verkondigt dingen waar ze absoluut niets van weet. Haar man ergert zich daar vreselijk aan en zegt: "Annie hou toch eens op met die onzin." Voor ze goed en wel aan haar nieuwe leven begonnen is, is ze al verbitterd, en ze reageert haar frustraties af op de inheemsen.'

Liever vertoefde ze in het gezelschap van het echtpaar Buenk. 'Hij, een dominee, maar niet zo'n echte – hij is ook nog jong, houdt radiopraatjes en wacht op een vaste aanstelling in Palembang, in het zuiden van Sumatra. Hij is aardig, maar haalt het niet bij zijn vrouw, een reuze type, erg geestig, ofschoon nooit ten koste van anderen, ad rem, beschaafd, ontwikkeld. Een echte dame, toch eenvoudig, helemaal niet gemaakt. Ze speelt bijzonder goed piano, durft zelfs Rachmaninov aan, zingt mooi zuiver, en vraagt me dikwijls: "Olga... hoe kom je toch aan die naam?" Maar direct daarop glimlacht ze me toe, alsof ze het wel begrijpt, en ik er verder niets over hoef te zeggen.'

Op een foto, in een album geplakt, zie ik mevrouw Buenk, haar naam staat er in witte inkt onder, in een Chrysler Plymouth zitten waarvan het vouwdak is geopend. Ze leunt met haar rechterarm op de rand van het portier, glimlacht een tikkeltje arrogant, in ieder geval zelfverzekerd. Veel haar, heel veel donker haar dat naar achteren is gekamd en in een knot samenkomt. Scherp gezicht, niet iemand die je tegen je moet hebben, maar ongetwijfeld hartelijk en hulpvaardig als je haar sympathie hebt verworven.

Toen Olga een paar maanden later op de boot naar Makassar stapte, vond ze het vooral spijtig dat ze afscheid moest nemen van Jacobine Buenk. 'Die ene keer dat we samen quatremains op de piano speelden, dacht ik: goh, zo slecht doe ik het nou ook weer niet. Ze gaf me vertrouwen in mezelf.'

Of Olga zich tijdens *'t pensionleven* al overgaf aan het Indische ritueel van het middagdutje, weet ik niet. Tijdens mijn jeugd herinnerden twee verstokte gewoonten aan het Indische verleden van mijn ouders: de rijsttafel op zaterdagavond en het dagelijkse middagslaapje, *tidur siang* in het Maleis, direct na de lunch, nou ja, na de boterham met kaas en het glas melk. Mijn vader sliep tot precies halfvier en stapte dan onder de douche om zich te mandiën (van het Maleise *mandi*, zich baden); mijn moeder deed niet meer dan wat soezen en speelde zich om een uur of drie wakker achter de piano. Niet alleen mijn vriendjes maar iedereen die bij ons over de vloer kwam keek ervan op, want zelfs midden in de winter, bij bittere kou, sloegen mijn ouders geen middagdutje over, alsof ze nog altijd de klamme hitte of de onbarmhartige zon moesten ontvluchten.

In een van haar brieven maakt Olga een toespeling op wat algauw een gewoonte moet zijn geworden: ze krijgt in de namiddag, 'wanneer ik lekker fris ben', dus waarschijnlijk: na het middagslaapje en het mandiën, conversatieles in het Maleis. Op verschillende in Buitenzorg genomen foto's staat ze afgebeeld met haar leraar, een Javaan van een jaar of dertig in een smetteloos wit pak en een scherpe scheiding in de haren die al even onberispelijk zijn gekamd. Hij is een hoofd kleiner dan zij. Mijn vader moet dikwijls aan de lessen hebben deelgenomen; ik denk dat ze bij zijn nascholingscursus hoorden, bij zijn 'nastuderen', want hij staat op bijna iedere foto naast of schuin achter de leraar.

'Ik maak niet verschrikkelijk veel fouten meer,' schreef Olga aan haar zus, 'maar ik moet de taal nog echt leren spreken. Het is nu een soort potjeslatijn wat ik bezig, onze leraar zegt dat het allemaal veel te stijf klinkt. We krijgen hier echt een spoedcursus, iedere namiddag, ook op zaterdag, moeten we twee uur lang converseren.'

En passant vertelde de leraar, Indratan Tabrani, over gebruiken en gewoonten 'en op een middag stelde hij voor een wandeling door de Plantentuin te maken, zodat hij ons de namen van veelvoorkomende bomen, planten en bloemen kon leren'. Mijn vader was niet erg bevattelijk als het om natuur ging, die wilde alleen over rituelen en ceremonies horen, maar Olga keek er echt van op, 'bij iedere boom, plant, hoort een verhaal of een legende'.

5

Ik kende de brieven van Olga toen ik in 1991 door de Kebun Raya Bogor liep, de Grote Tuin van Bogor. In de weken voor mijn reis had ik ze gelezen en herlezen; sommige passages, die indruk op me hadden gemaakt of die me verwonderd hadden, kende ik bijna woord voor woord.

Mijn moeder was in 1983 overleden, mijn vader in 1988. Twee jaar na zijn dood had mijn tante Noor me de brieven gegeven die mijn moeder haar vanuit Indië had geschreven. Nora was de iets jongere zus van Olga – ze scheelden slechts tien maanden. Fysiek leken ze sterk op elkaar, dezelfde ogen, neus, mond, waardoor ze hun hele jeugd als tweeling door het leven waren gegaan. Ze spraken beiden een onberispelijk en melodieus Nederlands, mooier dan je op de radio hoorde, maar Olga deed dat op een natuurlijke manier en Nora een tikkeltje gemaakt, alsof ze declameerde. Ik vermoed dat Olga als meisje uitbundiger was dan Nora en minder braaf, maar dat kan vooringenomenheid zijn: ik hield meer van mijn moeder dan van tante Noor, ofschoon ze nooit anders dan lief tegen me deed en me als kind zo stevig knuffelde dat ik duizelig werd van haar parfum.

Nora was verliefd geworden op een studievriend van mijn vader. Dé studievriend, moet ik schrijven – mijn vader had in Leiden maar één vriend, aan wie hij al zijn twijfels kenbaar maakte, wat je alleen bij een echte vriend durft. Intellectueel waren ze aan elkaar gewaagd, alleen was Chiel sociaal veel vaardiger. Chiel, voluit: Michiel Blom, was de zoon van een antiquair die in zijn winkel aan de Spiegelgracht in Amsterdam de fine fleur van kunstkenners ontving en ze bijna altijd van het 'belang' van een beeld of masker wist te overtuigen – hij handelde in oosterse kunst. Michiel had zijn bevlogenheid overgenomen. Mijn vader was een stuntelaar, mijn oom Chiel wond iedereen om zijn vinger. Hij had licht golvend, achterovergekamd, donkerblond haar, een klassiek Grieks gezicht, een stevige rechte neus en helderblauwe ogen, maar hij viel vooral op door de wijze waarop hij sprak en pianospeelde: beide deed hij virtuoos. Het liefst speelde hij quatre-mains met mijn moeder, het fijnst vond hij het een ingewikkelde passage aan haar voor te spelen. Hij sloofde zich zichtbaar uit terwijl mijn moeder naast hem stond en glimlachend een bladzij van de partituur omsloeg – ze likte even aan de wijsvinger voor ze het papier aanraakte en, een beetje pesterig, net iets te langzaam omsloeg. Ofschoon ze erg gesteld was op Chiel, vond ze hem ook een beetje een uitslover. Het gestuntel van mijn vader was haar liever – iets wat ik me als jongen absoluut niet kon voorstellen.

Tijdens de laatste jaren van hun jeugd waren ze met zijn vieren op vakantie gegaan, op de fiets naar Denemarken, wat een schok in de familie had veroorzaakt. Niet omdat ze in de zomer van 1933 dwars door nazi-Duitsland hadden moeten trekken en Hitler voor een uitzinnige menigte in Hamburg hadden zien oreren, maar omdat ze beiden nog niet waren getrouwd, alleen verloofd. Als excuus gold dat de beide jongemannen theologie studeerden, alsof dat ze kuiser maakte. Mijn grootouders zullen achteraf gesterkt zijn geweest in de mening dat ze de jongelieden terecht hun vertrouwen hadden geschonken, want er waren, zoals dat destijds heette, 'geen ongelukken van gekomen'. In 1934 konden ze opnieuw met zijn vieren op vakantie en reisden ze met de trein naar Genève. Olga en Han trouwden het jaar daarop, een week voor ze op de boot naar Batavia stapten, Nora en Chiel deden het pas toen mijn toekomstige ouders al lang en breed in Indië zaten.

De bedoeling was dat Nora en Chiel hen zo spoedig mogelijk zouden volgen. Ik heb nooit goed begrepen waarom dat niet is doorgegaan, in ieder geval bleef Olga haar jongere zus nauwgezet op de hoogte houden van het leven in Indië, 'zodat je weet wat jullie te wachten staat'. Tegelijk was Noor de enige persoon die Olga volledig vertrouwde en aan wie ze alles durfde op te biechten. 'Ieder woord dat ik je schrijf, gaat bij jou de kluis in, dat is het heerlijke van schrijven aan jou.'

Voor zover ik weet had Olga in haar jeugd geen hartsvriendin, ze had Noortje en verder niemand. Haar oudere zus, Vera, beschouwde ze als 'een onruststoker' die bovendien even dominant en onverbiddelijk was als haar moeder; haar jongste zus, Galina, was nog te bleu voor confidenties. Soms vroeg ze Nora iets 'door te vertellen' of 'door te geven' aan haar andere zussen en soms drong ze erop aan 'je mond te houden' of 'dit aan niemand te laten lezen'. Al wat vrouwelijk vertrouwelijk was vond ze niet geschikt voor mannenogen, 'dus niet aan Chiel laten lezen en al helemaal niet aan vader'.

Tante Nora aarzelde lang voor ze mij de brieven per aangetekende post toestuurde. Ze belde me er een paar keer over en vroeg zich hardop af of ze het wel of niet zou doen en of mijn moeder het niet vreselijk zou hebben gevonden als ze me al haar geheimen prijsgaf. Ik drong niet aan, gaf ontwijkende antwoorden; bij mij wint de nieuwsgierigheid het altijd weer van de gêne, maar als je dat te duidelijk laat merken, is het effect dikwijls averechts. De brieven van mijn moeder waren dan bij Nora 'een kluis' in gegaan, ik geloofde niet dat er diepe geheimen in lagen besloten. Een verkeerde inschatting, de brieven waren van een zeldzame eerlijkheid en als ze iets probeerden te verdoezelen, was dat alleen omdat ze zich niet wilde beklagen en iedere vorm van meelij wilde voorkomen. Uiteindelijk kwam tante Nora tot de slotsom dat het een onvergeeflijke zonde zou zijn om het bundeltje te verbranden – negenendertig brieven van gemiddeld vijf kantjes. 'Ze schreef zo graag... en ja, dan is alles echt weg, alsof ze nooit heeft bestaan'.

Kort na de brieven volgden drie fotoalbums, ook per aangetekende post. In het eerste waren foto's uit mijn moeders jeugd in Oegstgeest geplakt, dat wil zeggen, vanaf haar zestiende jaar. Dat klopte met wat ze me een keer had toevertrouwd: dat ze vrijwel geen beelden bewaarde van haar kindertijd. Op een van de eerste foto's uit het album staat ze naast haar fiets op een bospad, heeft ze een band geknoopt rond haar halflange donkerblonde haren en een sjaaltje rond haar hals, draagt ze een witte katoenen trui met korte mouwen, een zwarte rok, witte kousen en platte schoenen – ballerina's. Ze is dan misschien al zeventien jaar, ofschoon ze nog erg schuchter uit haar ogen kijkt. Op de volgende foto loopt ze al als een jongedame stijf gearmd met Nora over het Rapenburg in Leiden, met een hoed als een omgekeerde pot op het hoofd – wat in de roaring twenties mode was. Niks geen kindertijd, geen wonder dat ik lange tijd heb aangenomen dat ze ergens heel ver weg was geboren, in een stad waar het de hele winter sneeuwde en de nachten veel langer duurden dan de dagen.

In het tweede en derde album dat tante Noor me deed toekomen had ze de foto's geplakt die mijn moeder haar uit Indië had toegestuurd. Uit een van de brieven maakte ik op dat Olga haar de negatieven stuurde en dat Nora de foto's liet afdrukken. Nora hield het allemaal keurig bij: onder de foto's noteerde ze met witte kalligrafie inkt de plaatsnaam of de naam van de afgebeelde personen. 'Dit zijn de foto's die bij de brieven horen,' aldus tante Noor, en ja, dat klopte, ik kon de meeste door Olga beschreven personen in de albums terugvinden. Mijn moeder moet een soort reportagevorm in gedachten hebben gehad: het woord plus de beelden.

Tante Noor had een reden om de brieven en foto's aan mij te geven, en niet aan een van mijn broers. 'Jij,' zei ze, 'bent nog altijd op zoek naar je moeder.' En ze voegde er bijna pinnig aan toe: 'En jij hebt nog altijd niet ontdekt wie ze eigenlijk was.'

Ze had wel en niet gelijk. Mijn broers kenden mijn moeder uit Indië, ik niet. Mijn broers hadden mijn moeder geen moment uit het oog verloren in het jappenkamp, konden iedere beweging van haar duiden, ook de zenuwtrek in haar hals, die bijna onmerkbaar begon als ze in de rats zat en pas bedaarde als het gevaar was geweken. Mijn broers hadden op de stapelbedden boven haar gelegen in de hut van het repatriëringsschip dat hen van Tandjoeng Priok naar Rotterdam had gebracht en ze hadden van haar aanwijzingen gekregen hoe ze zich moesten gedragen in een land dat plat, nat en kil was en waarvan ze zich verder nauwelijks een voorstelling hadden kunnen maken. Ik kende haar alleen als de vrouw van de dominee in een oer-Hollands dorp, en dat had weinig mysterieus. Maar de vrouw die op de veranda Makassaarse woordjes in een schrift noteerde terwijl mijn vader haar nek masseerde, kenden mijn broers evenmin, want dat gebeurde jaren voor hun geboorte, weet ik uit een van de brieven.

Toen ik het ouderlijk huis verlaten had en na heel wat omzwervingen was teruggekeerd naar Nederland, nam ik me voor om die andere moeder te leren kennen: de mij onbekende Olga. Mijn vader eiste toen echter alle zorg en aandacht op en ik verzuimde mijn moeder vragen te stellen. Komt later wel, veronderstelde ik, als ze echt oud is – volstrekte eerlijkheid komt met de jaren. Dat ze plotseling dood kon gaan, was nooit bij me opgekomen.

Ik probeerde het goed te maken door mijn vader te ondervragen. Eerst terloops, later systematisch, toen ik merkte dat zijn geheugen hem in de steek begon te laten en zijn gezondheid broos werd. Ik interviewde hem zeven dagen achtereen, zeven uur per dag, als een journalist op zoek naar een geheim. Maar alles wat hij me vertelde over mijn moeder en Indië kwam uit zíjn observaties en zíjn herinneringen voort, niet uit de hare.

Door de brieven van Olga begon ik te begrijpen dat vrouwen het leven anders ondergaan dan mannen, ook als ze dezelfde bootreis van Genua naar Batavia maken, in dezelfde pensions in Batavia en Buitenzorg logeren, dezelfde mensen ontmoeten en in dezelfde botanische tuin wandelen. Ze gaan meer op hun intuïtie af en vertellen daar openhartiger over. Een enkele keer voegde mijn vader twee, drie velletjes aan de brief van Olga toe; hij richtte zich dan tot Chiel en gaf zich over aan beschouwingen op een toon die ik maar al te goed van hem kende: de belerende. Terwijl Olga in wat ze uit Indië schreef volstrekt iemand anders was dan mijn moeder. Gretiger, grappiger, ondeugender. Tegelijk staat ze veel dichter bij me. Olga was op haar drieëntwintigste nieuwsgierig tot op het indiscrete af en had een ontembare lust in het leven, in kijken, proeven, luisteren, voelen.

6

'Waar ik ook kijk,' schreef Olga, 'alles is anders. Elke blik verrast me, iedere Javaan die voorbijloopt zou ik willen volgen.'

Olga en Han waren op de laatste dag van augustus 1935 op Java aangekomen, na een reis van vier weken van Genua naar Batavia aan boord van de Johan van Oldenbarnevelt. Een reis in een tweedeklas hut. Volgens Olga een ruime hut, 'met een schrijftafeltje onder de patrijspoort'. Het schip was nog geen zes jaar oud, bood plaats aan 770 passagiers, telde drie klassen en zeven dekken. In het vooronder zaten de jongens die zich vrijwillig hadden opgegeven voor het Koninklijk Nederlands-Indisch Leger (KNIL); velen hadden het hbs-diploma op zak maar waren door de economische crisis nergens in Nederland aan de bak gekomen. De planters, die na hun verlof van zes maanden naar de plantages op Java en Sumatra terugkeerden, en de vertegenwoordigers van de suiker-, tabak- en handelsondernemingen, zetelden als vorsten op het bovenste dek en daalden zelden naar de lagere delen van het schip af. Olga rook ze wel, 'de walm van hun sigaren komt via het trappenhuis naar beneden'.

Het was een rustige, comfortabele reis. 'We zaten bijna de

hele dag op het op één na bovenste dek te lezen. De maaltijden duurden lang, dus schoot de tijd weer wat op. 's Middags gingen we even slapen en dan van vier tot vijf zwemmen. 's Avonds zaten we urenlang op het bovendek te praten, in het licht van de maan en de sterren.'

Vanuit Port Said maakten ze een uitstapje naar Caïro. De bekende foto's: op de rug van een kameel, voor de piramides. Na Port Said deed het schip Colombo aan, het eiland Sabang ten noordwesten van Sumatra en Singapore. In alle vier de plaatsen bleef het een dag liggen en konden de passagiers aan land gaan. 'Toen Sabang naderde,' schreef Olga aan haar zus, 'voelde je de spanning stijgen. Hier hoorden de meesten waar ze geplaatst zouden worden, op Java of in de buitengewesten. Voor ons gold dat niet, wij kenden onze bestemming, maar we werden er toch een beetje zenuwachtig van toen we merkten dat het als een straf gold als je geen aanstelling op Java had gekregen.'

Ik vermoed dat het mijn vader geen bal kon schelen. Als hij maar ver weg was van het land van zijn jeugd. De eerste stap van zijn rebellie had hij in 1928 gezet door theologie te studeren. Een eigenaardige keuze voor een jongen die in een volslagen areligieus gezin was opgegroeid. Zijn vader, stoker op een Rotterdamse havensleepboot, geloofde in het socialisme; hij was tussen katholieken opgevoed maar verachtte de zwart rokken. Zijn moeder, chronisch ziek, lag jarenlang op bed weg te teren en zei uit ervaring te weten dat bidden geen verlichting bracht. Het hele huis rook naar de benauwde ziekenkamer.

De gewoonte van mijn grootvader zijn misère in een café met jenever weg te slikken en na het werk ladderzat thuis te komen, zou kunnen verklaren waarom mijn vader op zijn zeventiende jaar en in de passietijd een kerk binnenliep en 'gegrepen werd door het evangelie', of misschien nog wel meer door de serene saamhorigheid die hij daar aantrof. Het had een katholieke, een hervormde of een gereformeerde kerk kunnen zijn, toevallig was het een hervormde. Van meer belang was dat hij een psalm hoorde voorlezen en daarna Bach hoorde zingen, begeleid door zacht orgelspel: beide hadden iets poëtisch voor hem. Hij vond in die kerk een 'geestelijk thuis' en raakte daar zo van onder de indruk dat hij zijn pas verworven baan als assistent-procuratiehouder bij een rederij opzei en besloot theologie te gaan studeren.

Algauw betwijfelde hij of het de juiste keuze was. Aan de theologische faculteit in Leiden voelde hij zich een buitenstaander. De calvinistische mores waren hem vreemd. 'Het was alsof ik hun taal niet sprak.' Hij zag zijn toekomst 'niet dichtbij maar ver weg' en koos de uitweg die de koloniën boden. En ja, ook dat speelde een belangrijke rol: als hij voor Indië tekende, zou zijn studie betaald worden door de overheid. Van thuis kon geen cent komen, het kleine beetje extra dat mijn grootvader overhield aan overwerk, ging op aan nieuwe en betere medicijnen voor mijn grootmoeder. Of aan de drank.

Na zijn kandidaats legde hij zich toe op godsdienstgeschiedenis en -fenomenologie met als specialisatie de islam. Hij kreeg een volledige studiebeurs en een kamer in het Zendingshuis in Oegstgeest. Vanuit het raam kon hij het dak zien van het huis waar Olga woonde. Ik weet niet hoe hij precies met haar in contact kwam; het verhaal gaat dat ze elkaar ontmoetten op een avond van de bond van geheelonthouders, maar dat vind ik wat al te braaf. Feit is dat mijn vader pas in Makassar zijn eerste biertje dronk. En dat Olga dat ogenblikkelijk aan haar zwager Chiel meldde, want ook hij was van de blauwe knoop.

In 1934 zocht de zendingstheoloog Hendrik Kraemer, die door de wereldvermaarde islamoloog Christiaan Snouck Hurgronje was opgeleid, naar 'een pientere knaap' die wetenschappelijk onderzoek kon doen naar een islamitische bekeringsbeweging op Saleier. Mijn vader moest het eiland op de kaart opzoeken: een streepje ten zuiden van Celebes dat je zo leek uit te kunnen gommen. Het streepje stond voor een lengte van tachtig en een breedte van veertien kilometer.

Hij stortte zich op de geschriften van Snouck Hurgronje, zowel die over Mekka als over de islam in Indië, woonde de laatste schaarse lezingen bij die de geleerde in stampvolle zalen gaf, bezocht hem thuis in Oegstgeest. Snouck werd in het universitaire milieu aanbeden als 'de stralende zon aan het Leidse heelal', hij was vrijwel onbenaderbaar maar liet zich toch graag verrassen door een jonge student die tegen hem opkeek. 'Ah, jij bent die knaap die naar de Saleier gaat,' zei hij bij binnenkomst. 'Neem er de tijd voor, daar. Laat je niet opjutten. En wantrouw het gouvernement.' Alle volgende jaren zou Snouck mijn vaders richtsnoer blijven en zijn grote inspirator. Hij sprak over hem als over een heilige.

Zijn opdracht was niet eenvoudig. In de jaren dertig groeide het nationalisme in Indië tot een massale beweging uit en de felste activisten begaven zich naar Mekka om hun opstandige plannen te smeden. In eigen land werden ze door de blanke overheerser geschaduwd en afgeluisterd, in het pelgrimsoord konden ze daarentegen in alle rust overleggen en acties voorbereiden, omdat christenen de toegang tot Mekka was verboden. Het wekte bevreemding dat op het eiland Saleier honderden pelgrims bij terugkeer uit Mekka het christelijk geloof hadden aangenomen. Ze beweerden dat ze op de terugtocht 'het licht' hadden gezien en wilden zich, eenmaal thuis, laten dopen. De vraag was, voor het gouvernement althans, wat die bekeringsbeweging camoufleerde. 'Misschien niets,' hield Snouck Hurgronje mijn vader voor, 'misschien een oprecht zoeken naar het ware geloof, maar traceer de leider, en verdiep je in zijn beweegredenen.' Die leider heette La Galiti, en algauw zou hij ontdekken dat de man het charisma had van een *wajang gedog* en de welbespraaktheid van de apostel Paulus.

Zijn opdracht had ook iets spannends. Olga schreef: 'Han gaat dit avontuur tegemoet als een archeoloog die naar geheime gangen en graven gaat zoeken. Wat hij precies zal vinden is onzeker, in ieder geval zal het nieuw voor hem zijn.'

Aan boord van de Johan van Oldenbarnevelt wist hij wel tot in de details welk traject hem te wachten stond. Hij zou een semester 'nastuderen' aan de universiteit van Batavia en de Hoogere Theologische School in Buitenzorg om zich verder te verdiepen in de islamitische stromingen en richtingen op de Indische archipel. Zijn eerste standplaats zou Makassar worden. Van daaruit zou hij regelmatig naar Saleier reizen om aan zijn onderzoek te beginnen. Na een jaar zouden het gouvernement en het kerkbestuur van Zuid-Celebes bekijken of hij zich definitief op Saleier kon vestigen of dat hij zijn onderzoek vanuit Makassar zou vervolgen.

Al het praktische was geregeld en uitgestippeld. Toen Olga en Han de loopplank van de Van Oldenbarnevelt af liepen, konden ze het adres van het pension in de wijk Weltevreden opgeven waar ze de komende maanden zouden vertoeven. Het lag aan een lommerrijke laan, niet ver van het Koningsplein, schuin tegenover de Rechtshogeschool. Het eerste wat ze op de dag na aankomst deden was een Japans fietsje kopen.

'Tien gulden per fiets, dat is geen geld,' schreef Olga. 'Het is heerlijk om hier te fietsen, de lanen zijn breed, de tamarindebomen geven veel schaduw. Je hebt er geen idee van hoe uitgestrekt Batavia is. En hoe groen.'

Ze kenden ook naam en adres van het pension in Buitenzorg waar ze zouden verblijven. Het lag vlak bij 's Lands Plantentuin.

7

De kleren die Olga had meegenomen bleken te warm voor de tropen, zelfs de blouses die ze op de valreep in Genua had gekocht. Op zondag 8 december 1935 ging ze er in het pension in Buitenzorg eens goed voor zitten en werkte ze, gebogen over de naaimachine, aan een nieuwe jurk. Vreemd genoeg weet ze door de toevoeging van de datum de tijd voor me uit te wissen: het is zondag, de hitte hangt als trillende vitrage in het vertrek, de Singer ratelt, de jurk krijgt vorm, ik zie het voor me, ik ben erbij. Een wit met zwart en rood gebloemde. Een strakke rok tot de knie en vandaar een rimpelrokje met een 'kuifje opgezet', ook zo'n soort kraag erbij.

Buiten regent het met felle, kletterende uithalen. Wandelen in de tuin zit er vandaag niet in. Ze neemt ruim de tijd voor het rimpelrokje, werpt soms even een blik op de druipende bomen buiten en besluit voortaan al haar jurken zelf te maken, zonder mouwen en met een grote kraag. 'Mouwen plakken zo.'

Haar trieste Hollandse ondergoed is ook veel te warm. 'Trieste Hollandse ondergoed' zijn haar woorden. Ze draagt op Java zijden hemden met idem broekjes die ze zelf heeft gemaakt. Dat zit het fijnst. Zijde is heerlijk in de tropen.

Mijn vader vond die zijden broekjes 'echt leuk'. Ik kan het me nauwelijks voorstellen, alleen als ik bedenk dat Han en Olga jonge mensen waren die nog heel ver af stonden van degenen die mijn vader en mijn moeder zouden worden. Hoe oud waren ze daar in Buitenzorg ook alweer? Vijfentwintig en drieëntwintig. De leeftijd waarop alles fris, nieuw en verleidelijk is en je, ook dat, ervan uitgaat dat dat altijd zo zal blijven.

Een dag eerder heeft Olga een hoed gekocht. Een heel grote witte. Ze is dol op hoeden, kan dan beter en verder kijken en hoeft haar ogen niet dicht te knijpen tegen de zon. Voor op reis wil ze nog een vilten hoed kopen die makkelijk zit en niet zo gauw afwaait – als ze in de auto ergens heen wordt gereden, is het meestal in een open cabriolet. Ze kan nog altijd goed tegen de hitte, iets wat haar verrast, ze dacht er eerst helemaal niet tegen te kunnen. Later zou dat veranderen, later zou ze onder de hitte lijden. Of was dat pas in het kamp?

Toch zou ze voor een tijdje in een koeler klimaat willen leven, want ze kan hier niet lekker vrijen. Als je elkaar een zoen geeft, smaakt het zout. 'We moeten eerst altijd even elkaars gezicht afvegen voor we zoenen.' Bij elkaar slapen kunnen ze haast niet vanwege de warmte. Ze doen het natuurlijk wel, 'maar soms stappen we midden in de nacht nog over, als we te erg plakken'. Ze hebben in het pension in Buitenzorg alleen eenpersoonsbedden, ook in de tweepersoonskamers. Wat het fijnste is? Onder de douche! Ze gaan elke dag samen naar de badkamer.

Ik keek ervan op. Je stelt je je ouders altijd als ouders voor.

Maar nee, ze waren goddank niet meteen ouwelijk, bedaagd, verstandig, en gingen als normale geliefden met elkaar om. Als jonge honden, zwetend en wel in de tropen, ondeugend en gelukkig. De huwelijkse staat ziet Olga 'als een bevrijding'. Ze kan zich haast niet meer herinneren hoe het vroeger was. Beschroomder? Voorzichtiger? 'Dat ben je gauw vergeten,' schrijft ze. ''t Gaat fijn zo, hoor.'

's Ochtends speelt ze weer badminton, van zes tot acht uur, in een zwart katoenen shirt en een zwart kort broekje. Haar arm is nog lam van het slaan als ze een glas fosco drinkt. 'Dat neem ik iedere ochtend en smaakt maar wat lekker met een stuk ijs erin.' Voor de betekenis moet ik een beroep doen op Van Dale: '*fosco*, It. [donker], koude drank, bereid door water, suiker, cacao en vanille te koken, daarna met melk, water of spuitwater aan te lengen.'

Later op de dag zet ze haar 'eerste schreden op het journalistieke pad'. Uit de manier waarop ze dat schrijft, leid ik af dat ze al veel eerder haar bestemming in die richting heeft gezocht. Schrijven. Een artikel over 's Lands Plantentuin 'voor het krantje waar Han regelmatig in schrijft'. Om welk krantje het gaat, vertelt ze niet, en ik heb in latere brieven niet teruggevonden of het ook werkelijk is geplaatst, maar het idee om op onderzoek uit te gaan windt haar op, en ook 'om al het geziene te beschrijven, dan beleef je alles dubbel en ga je er ook nog eens over nadenken wat je precies hebt gezien'.

Na het verhaal over Buitenzorg wil ze over Solo schrijven, dat haar meer aantrekt dan Djokja omdat veel minder mensen het kennen en ze zelf ook niet weet wat ze daar zal aantreffen. Solo heeft iets raadselachtigs, 'alleen die naam al, wat zoiets betekent als <u>heilige taak</u> in het Oud-Javaans'. Om 'preciezer' te kijken koopt ze behalve een notitieboekje een camera, een eenvoudige Kodak Brownie-box.

Of ze Solo ooit heeft gezien, betwijfel ik – ze schrijft nergens in haar brieven over een bezoek. Wel vertelt ze haar zusje jaren later dat ze alleen in Makassar is achtergebleven en Han naar Solo is vertrokken voor de zoveelste conferentie over de islam en het christendom – zijn specialiteit. Ze heeft met hem te doen, hij heeft slechts een vergoeding voor een derdeklas passagebiljet gekregen, 'dan heb je een smoorhete hut in het onderste van het schip'. Verder geen woord over Solo – voor haar bleef het een stad als uit een oude legende.

Wel mocht ze Han vergezellen tijdens de rondleiding die hij op Java kreeg. In een open auto reden ze 'heel Java rond'. Ze beklommen de Borobudur; de restauratie van het tempelcomplex was sinds decennia aan de gang, maar alles oogde nog steeds 'wanordelijk als een bouwval'. Ze reden naar Djokja, bezochten de kraton – het paleis van de sultan. De zendingspredikant Ben Arps was hun gids, hij stond bekend als een groot kenner van Java. 'Hij maakte me razend,' schreef Olga in de derde brief aan haar zus. 'We mochten wel het gamelanconcert bijwonen dat 's middags in de Kraton werd gegeven. Maar niet de gamelandansen die 's avonds werden uitgevoerd. Als een zedenmeester verbood hij het ons. We mochten evenmin contact met de inlandse bevolking hebben, tenzij die christelijk was gedoopt. Idioot, niet? Alsof dat op hun voorhoofd geschreven stond! Han wilde dolgraag de Soesoehoenan spreken. Ook daar stak hij een stokje voor.'

Bedoelde Olga de sultan van Djokja? Oorspronkelijk werd ook hij aangeduid als de *Soesoehoenan* of *Susuhunan*, de 'heer der heren' in het Javaans. Of toch die van Solo? Sinds de 18de eeuw was er eigenlijk nog maar één Soesoehoenan, en die zetelde in Solo. Hij was de hoogste in rang van de Javaanse aristocratie, had veel vrouwen, bijvrouwen en concubines, was de 'Koning der Koningen', de 'Heerser die het Universum bestiert, opperbevelhebber, Dienaar van God, Heer van alle Gelovigen'. De Soesoehoenan van Solo stond bekend als 'benaderbaar', 'open' en niet afwijzend tegenover andersdenkenden of Europeanen. Han wilde hem graag in levenden lijve aanschouwen, wilde bij hem op audiëntie, maar dominee Arps weigerde naar Solo te rijden.

'Tijdens mijn studie van de islam in Leiden,' vertelde mijn vader me, 'was het geen moment bij me opgekomen dat ik slechts bepaalde figuren uit de bevolking zou mogen spreken. Ik kwam tot die ontdekking in Djokja. Later, in Makassar en op Saleier, zou ik me er geen moment aan houden. Maar ik herinner me nog hoe kwaad je moeder was.'

Olga eiste genoegdoening.

'Als we in Batavia terug zijn,' schreef ze aan haar zus, 'wil ik naar een gamelanvoorstelling. Han is akkoord, misschien om mij te sussen. Ik hou hem er in ieder geval aan. Han is veel te inschikkelijk. Hij gaat ieder conflict uit de weg. 't Komt ongetwijfeld door zijn jeugd. Als zijn vader hem een grote mond gaf, pakte hij zijn jas van de kapstok en slenterde hij uren over de kades. Ik begrijp 'm, hoor. Maar hier moet hij toch echt leren voor zichzelf op te komen.'

8

Al die beelden en flarden uit Olga's brieven kwamen terug toen ik op de radio hoorde dat naar aanleiding van een bezoek aan de tuinen van Buitenzorg een pianostuk het licht had gezien. De naam van de componist ving ik in de gauwigheid niet op, wel de naam van de pianist: Marc-André Hamelin. Een bekende Canadese pianist, ik zocht op YouTube, en jawel, Marc-André Hamelin speelde tijdens een concert als toegift 'De tuinen van Buitenzorg' uit de *Java Suite* van Leopold Godowsky.

Die naam zei me wel iets. Was Godowsky niet degene die parafrases maakte van pianostukken van andere componisten en die uitbreidde met variaties en chromatische harmonieën? Was hij het niet die op zichzelf al hondsmoeilijke pianostukken nog tien keer moeilijker maakte?

Ja inderdaad, hij was de man van de *53 Variaties op de Etudes van Chopin*, waaraan maar heel weinig pianisten zich wagen. Ik zag een keer Boris Berezovsky een paar van die *Variaties* uitvoeren en dacht dat hij zijn vingers zou breken, zulke ongelooflijke toeren moest hij uithalen.

Over Godowsky wist ik verder dat hij een groot deel van

zijn leven in de Verenigde Staten had doorgebracht – hij werd meestal aangeduid als 'de Pools-Amerikaanse pianist en componist'. Maar toen ik het nazocht, bleek Leopold Godowsky geen Pool te zijn, hij was een Russische Jood uit Litouwen. In 1870 in Žasliai geboren, een dorp dat halverwege de twee belangrijkste steden van Litouwen ligt, tussen Kaunas en Vilnius. In het jaar van zijn geboorte maakte Litouwen nog deel uit van het Russische Rijk en droeg het dorp waar hij ter wereld kwam een Russische naam: Sozly. Leopold had de Russische nationaliteit. Net zoals zijn vader, die uit Merkinė in het zuiden van Litouwen kwam, dicht bij de grens met het huidige Wit-Rusland, en zijn moeder, die in Gelvonai was opgegroeid, ten noordoosten van Vilnius.

Bekende namen voor me. Ik ben door Žasliai gereden en heb in Merkinė koffiegedronken. Merkinė ligt niet ver van Druskininkai, waar Mikalojus Konstantinas Čiurlionis de bossen en de meren schilderde op reusachtige dromerige doeken en Chaim Jakob Lipchitz overhoop lag met zijn vader omdat hij zo graag beeldhouwer wilde worden. Net als Čiurlionis en Lipchitz was Godowsky een Baltische ziel, en met Lipchitz had hij gemeen dat hij een Joodse Baltische ziel was.

Niet dat dat hem met trots vervulde. Eenmaal beroemd was Godowsky uitgenodigd om drie maanden les te geven in Rusland, dat inmiddels de Sovjet-Unie was geworden. Hij wilde van de gelegenheid gebruikmaken om een afschrift van zijn geboorteakte te bemachtigen. Hij reisde naar Vilnius, maar kon van daaruit zijn geboortedorp niet bereiken. Žasliai hoorde sinds 1920 bij Litouwen terwijl Vilnius onder Pools beheer was blijven staan – onmogelijk om via Vilnius in Žasliai te komen of van Žasliai in Vilnius. 'Litouwse koeien willen geen Pools gras eten,' schreef Godowsky aan zijn dochter, 'en Litouwse mussen weigeren in de Russische lucht te vliegen.' Hij had het toen wel gehad met zijn nationaliteit, Pool, Rus, Litouwer, het kon hem niets meer schelen. Oost-Europa vond hij een verschrikking. 'Als je lang wilt leven, dan is dit de plek: een dag lijkt hier een jaar te duren.' Van Vilnius tot voorbij Sint-Petersburg heerste armoe; Vilnius gold als een van de smerigste steden in het oosten. Mogelijk had hij meermaals last gehad van antisemitisme, maar net zoals zijn latere vrienden Albert Einstein en Charlie Chaplin vertikte hij het om aan dat soort vernederingen ruchtbaarheid te geven.

Leopold was nog geen twee jaar oud toen zijn vader overleed. Mordkhel Godowsky was een kundig *feldsher* (plattelandsdokter) geweest, die een cholera-epidemie had proberen te voorkomen maar zelf besmet was geraakt. Het enige wat Leopold later vagelijk bijstond was dat hij op de knie van zijn vader zat – hij noemde die ene herinnering 'de enige oase in mijn mentale woestijn'. Voor de rest: niets, de leegte.

Wat volgde was bizar. Leopolds moeder trok bij vrienden in. Bij Louis en Minna Passinock die in Vilnius woonden en aan de rand van het Joodse getto een goedlopende winkel in tweedehands piano's dreven. Zelf speelde Louis viool, en op dat instrument gaf hij Leopold de eerste lessen. Het huwelijk van Louis en Minna was kinderloos gebleven en Louis betreurde dat om één specifieke reden: dat hij nooit de vader van een wonderkind zou kunnen worden – de droom van zo'n beetje iedere Joodse vader en moeder in het getto van Vilnius. Leopold bood uitkomst. Op zevenjarige leeftijd kon de jongen het *Vioolconcert* van Felix Mendelssohn Bartholdy uitvoeren, een prestatie die na hem alleen Jascha Heifetz zou leveren, ook een jongen uit het getto van Vilnius, en Heifetz zou de geschiedenis in gaan als de grootste violist aller tijden, of in ieder geval de technisch meest begaafde.

Leopold had een enorm potentieel. Maar de viool verveelde hem snel en hij stapte over op de piano. Keus te over in de winkel van zijn stiefvader, alleen was oom Louis er faliekant op tegen en weigerde een pianoleraar voor de jongen te zoeken. Toen besloot Leopold het zichzelf maar aan te leren.

Op negenjarige leeftijd toerde hij samen met oom Louis door Litouwen en Oost-Pruisen en gaf zowel viool- als pianoconcerten. Van een arme halve wees was de kleine Leopold een bron van inkomsten geworden voor zijn oom, die hem zo schaamteloos uitbuitte dat een advocaat uit Koningsbergen hem voor het gerecht dreigde te slepen vanwege kindermishandeling.

Je kon eigenlijk beter geen wonderkind zijn in die tijd. Godowsky hield er een levenslange aversie tegen het optreden voor een groot publiek aan over, terwijl hij iedereen verblufte met zijn kunnen op zowel de piano als de viool.

'Ik zou het erg prettig hebben gevonden,' schreef Godowsky in zijn memoires *Retrospect* (waarvan hij slechts het eerste hoofdstuk voltooide), 'als ik naar waarheid had kunnen beweren dat ik de leerling van Franz Liszt of een andere grootheid was geweest, maar dat was ik niet. Ik heb niet meer dan drie maanden les gehad in mijn leven.' Hij kon zich niet herinneren wie hem noten had leren lezen, hij had op een gegeven moment door hoe de vingerzetting werkte, en vanaf zijn vijfde jaar had hij geen hulp meer nodig. Hij nam nog wel even les van Ernst Rudorff op de Königliche Hochschule für

Musik in Berlijn, maar hij kreeg het vrijwel onmiddellijk aan de stok met zijn leraar. Hij speelde hem het *Scherzo in bes mineur* van Chopin voor en Rudorff vroeg: 'Kunt u niet iets spelen wat substantiëler is?' Substantiëler? 'Ja, iets van Beethoven, Schubert of Schumann!' Leopold keek hem stomverbaasd aan. Deugde Chopin niet, zijn onvoorwaardelijke held? 'Het is,' vond zijn leraar, 'niet meer dan salonmuziek.' Godowsky speelde toen de gehele *Kreisleriana* van Schumann uit zijn hoofd en realiseerde zich tegelijkertijd dat hij van deze Duitser niets kon leren. In 1884 – hij was toen veertien jaar – reisde hij naar de Verenigde Staten en gaf zijn eerste concert in Boston. Hij opende het met *Scherzo in bes klein* van Chopin.

Goeie jongen, eigenwijs, en die eigenzinnigheid verloor hij nooit. Ofschoon hij verlegen was en nog geen drie woorden Engels sprak, toerde hij door heel Amerika, in het gezelschap van alweer een ver familielid die hij met 'oom' aansprak. En ook deze 'oom' was er om zo veel mogelijk aan het wonderkind te verdienen en de zakelijke onderhandelingen te voeren.

Twee jaar later keerde Leopold naar Europa terug. Hij was vast van plan les te nemen bij Franz Liszt in Weimar, maar nauwelijks had hij in Trouville in Normandië voet aan wal gezet of hij las in de krant dat Liszt een paar dagen eerder was overleden.

Hij zocht contact met Camille Saint-Saëns, ook een virtuoos op de piano. Saint-Saëns was al snel dol op de jongen, vroeg hem iedere zondag langs te komen in zijn appartement aan de rue Monsieur-le-Prince aan de rand van het Quartier Latin in Parijs en kwam na enkele maanden met het verrassende voorstel hem te adopteren, op voorwaarde dat hij zijn naam zou aannemen: Leopold Saint-Saëns. Want hij hunkerde naar een gezin. Zijn zoontje van twee was in een onbewaakt ogenblik uit het raam gekropen en drie verdiepingen lager doodgevallen op straat. Alsof dat nog niet dramatisch genoeg was geweest, was zijn tweede zoon zes weken later aan een kinderziekte overleden. Het maakte Saint-Saëns zo diep ongelukkig dat hij zijn vrouw nalatigheid verweet en van haar scheidde.

Leopold weigerde de adoptie beleefd, van Saint-Saëns kreeg hij niet meer dan wat vriendelijke adviezen, of een compliment, 'klinkt charmant, *mon fils.*' Terug in de Verenigde Staten – hij was inmiddels twintig – begon Godowsky les te geven in New York, Philadelphia en Chicago. Het werd een passie van hem. Jonge pianisten kwamen hem om raad vragen, zelfs de uit Rusland gevluchte Sergej Rachmaninov, die bekendstond als een klaviertijger, zocht contact met hem omdat Godowsky een nieuwe, minder inspannende manier van pianospelen had bedacht: hij liet de armen slap langs het lichaam hangen waardoor alle kracht naar de handen en vingers kon stromen. Zijn techniek was fenomenaal. De in Polen geboren Arthur Rubinstein, die een van 's werelds bekendste pianisten zou worden, verzuchtte eens dat het hem 'vijfhonderd jaar' zou kosten om de bedrevenheid van Godowsky te evenaren.

Het vreemde was dat hij niet de instelling van een virtuoos had. Op het podium maakte Godowsky nauwelijks indruk, had hij, zoals dat heette, geen enkele 'présence'. Een propje; achter de vleugel moest hij zijn benen wijd uit elkaar zetten om in evenwicht te blijven. Een vollemaansgezicht, bolle wangen die snel rood aanliepen en een hoog voorhoofd. Wat vooral opviel – of tegenviel – waren zijn kleine handen en korte vingers. Volgens sommige van zijn bewonderaars waren die handen mooi en wit als marmer, volgens andere lelijk en rimpelig. Over één ding was iedereen het echter eens: zijn vingers waren van rubber. Godowsky kon alles met die vingers, en voelde zich niettemin nooit helemaal op zijn gemak in de concertzaal. Hij gruwde van applaus. 'Wat is applaus? De uitdrukking van de menigte die het niet begrijpt.' Het liefst speelde hij voor een klein gezelschap of thuis, onder het gehoor van een paar leerlingen.

Hij trad niettemin vaak op, om zo veel mogelijk te kunnen reizen. Godowsky werd een globetrotter, een reis kon hem niet ver genoeg brengen en lang genoeg duren. Reizen beschouwde hij niet alleen als een manier om, zoals hij het zelf omschreef, 'het culturele brein te prikkelen', maar tevens als een filosofische, spirituele onderneming, 'als een manier om de onontgonnen regionen van je eigen ik te ontdekken'. Tussen 1921 en 1925 bezocht hij Mexico, Uruguay, Argentinië, Brazilië, Oost- en Zuidoost-Azië, Noord-Afrika, Egypte en Palestina. Hij maakte een aantal van die reizen per vliegtuig en hoopte de eerste piloot-pianist te worden die met een eigen vliegtuig van concertzaal naar concertzaal zou vliegen. Vliegtuigen namen in die tijd vooral post mee, en hooguit vier passagiers. Het bleef bij een plan; Godowsky had geen tijd om zijn vliegbrevet te halen.

Aan ieder optreden knoopte hij een rondreis vast, met een duur van enkele dagen tot enkele weken. Hij reisde meestal alleen, liet zijn vrouw Frieda Saxe en zijn vier kinderen thuis achter. Wel nam hij, als hij aan boord van een schip zijn langste reizen maakte en een oceaan overstak, zijn eigen vleugel en reservevleugels mee, ook tijdens zijn reis naar Japan en China. Soms liet hij zich zelfs vergezellen door een pianostemmer die alle kuren van zijn instrumenten kende.

Hij legde de hoogste maatstaven aan voor zijn uitvoeringen, kon perfectionistisch zijn tot op het ergerniswekkende af, maar was in het dagelijks leven een warme, oprechte, geestige man die makkelijk contacten legde en, waar dan ook, vriendschappen sloot. En – het belangrijkste – hij was nieuwsgierig.

9

Godowsky bezocht Java tijdens een reis door het Verre Oosten die op 13 oktober 1922 in Japan begon en op 25 mei 1923 in Honolulu eindigde. Een reis die de pianist-componist naar Hongkong, Sjanghai, Peking, Singapore, Java en de Filipijnen bracht.

Japan en China bevielen hem maar half; te vol, te veel mensen. Pas op Java, dat hij met veertig miljoen inwoners ook een tikkeltje te druk vond, raakte hij werkelijk in de ban van Azië. Alles aan het eiland bekoorde hem: de vorstensteden Solo (Surakarta) en Djokja (Djokjakarta), de kratons, de markten, sawa's, vulkanen, de zonsopgang vanaf de rand van de krater van de Bromo, de vijfhonderd Boeddhabeelden op de Borobudur, het wajangpoppenspel, de oudste wijk van Batavia, Kota Tua, de tuinen van Buitenzorg. Maar wat hem werkelijk overrompelde was dat hij een uiterst verfijnde cultuur aantrof die haar zeggingskracht ontleende aan een instrument dat net als de piano een slaginstrument is: de gamelan.

Op Java componeerde Leopold Godowsky geen noot, maar de gamelanmuziek bleef weken, maanden, jaren in zijn oren hangen en resulteerde uiteindelijk in zijn mooiste werk, de *Java Suite,* vijftig minuten muziek die zich als een reisverslag laat beluisteren.

Gamelan is een verzamelnaam voor allerlei slaginstrumenten, van metallofoons en xylofoons tot gongs en drums – 'gamelan' is afgeleid van het Javaanse *gamel*: slaan. Godowsky was niet de eerste componist met wie de speciale klank van een gamelanorkest aan de haal ging, een tegelijk zachte en doordringende bronzen klank met als diepste en donkerste toon de gong. Claude Debussy was op de wereldtentoonstelling van 1889 in Parijs al in de ban van de Javaanse klanken geraakt. Meerdere keren bezocht hij het Nederlands Oost-Indisch paviljoen, waar een compleet Javaans dorp was nagebouwd en continu een gamelanorkest voor mysterieuze klanken zorgde. Motieven van de gamelan bleven hem door het hoofd spelen en hij gebruikte ze in 'Pagodes', de eerste van zijn *Estampes* uit 1903. Debussy maakte school, Maurice Ravel liet in 1905 een echo van de gamelan horen in *Jeu d'eau* – een van zijn mooiste composities en ondanks de Javaanse invloed helemaal Ravel – en in de laatste van zijn *Miroirs*: 'La vallée des cloches'. Béla Bartók verwees in *Mikrokosmos* Vol. IV nr. 109 direct naar de gamelan door aan het stuk de titel 'From the Island of Bali' te geven en componeerde dat stuk voor twee piano's rond 1930. Een ander mooi voorbeeld is het eerste deel uit het *Concert voor twee piano's* van Francis Poulenc uit 1932, een overrompelend stuk muziek waarin de onnavolgbare Poulenc de gamelaninvloeden combineert met Mozart.

Ook Godowsky probeerde in zijn *Java Suite* de oosterse klanken te mengen met een westerse ordening in toonladders en octaven. De veertien stukken voor piano openen met 'Gamelan' om direct in de sfeer te komen, een sfeer die zowel mysterieus is als precies. Overigens, John George Hinderer, die jarenlang Godowsky's persoonlijke secretaris was geweest, schreef in een beschouwing in *The Musician* dat Godowsky al op de wereldtentoonstelling gefascineerd was geraakt door de gamelan, net zoals Debussy. In 1889 en 1890 was de jonge Leopold Godowsky inderdaad in Parijs, mogelijk heeft hij samen met Saint-Saëns het Indische paviljoen bezocht, want ook Saint-Saëns vond de gamelan 'een oosterse sensatie' en was niet weg te slaan uit het Oost-Indisch paviljoen.

In Solo luisterde Godowsky uren achtereen geconcentreerd naar de slaginstrumenten. Niets bracht zo sterk het mysterieuze en vreemde karakter van het eiland en zijn bewoners over, schreef hij als inleiding op de partituur van de *Java Suite*. 'De sonoriteit van de gamelan is zo eigenaardig, spectraal, fantastisch en betoverend, de inheemse muziek zo ongrijpbaar, vaag, glinsterend en enkelvoudig, dat ik bij het luisteren naar deze nieuwe geluidswereld mijn realiteitszin verloor en mezelf voorstelde in een betoverend rijk.'

Hoe hij die geluidswereld op de piano liet klinken, was ronduit verbluffend. De pianotechniek van Chopin en Liszt combineerde hij op natuurlijke wijze met de slagtechniek van de Javaanse meesters op de gamelan. Niet alleen de symbiotische ontmoeting tussen twee continenten wist hij vorm te geven, ook die tussen verschillende tijden. De gamelan is veel ouder dan de piano, de fortepiano of het klavecimbel. Tussen de 8ste en 11de eeuw verluchtigde ze het hofleven al van de hindoe- en boeddhistische koninkrijken en koninkrijkjes op Java, Bali en Sumatra. Met de *Java Suite* maakt Godowsky ook een fantastische reis door de tijd.

Dit is des te opmerkelijker omdat hij slechts zes weken op Java verbleef, van half februari tot eind maart 1923. Hij gaf daar ook nog eens twintig recitals. Avondvullende programma's met voornamelijk werken van Chopin en Liszt. Ook op deze tournee vergezelde een pianostemmer hem, en dat was ook wel nodig, want naast de twee vleugels die hij op iedere reis meenam, had hij nog eens vier andere concertvleugels laten aanrukken om de concerten naar zijn eigen hoge maatstaven te kunnen uitvoeren. Kosten: 25 000 Amerikaanse dollar. Godowsky was onderweg, of was zich aan het voorbereiden voor een volgend optreden, en toch wist hij nog tijd te vinden om alle culturele trekpleisters te bezoeken en in contact te treden met Javaanse musici en componisten. En, dat vooral, om zich in de essenties van de gamelan te verdiepen.

10

In Batavia was Olga druk bezig met muziek, en met inkopen. Een paar weken later zou ze naar Makassar vertrekken en een huis krijgen dat ze naar eigen smaak kon inrichten. Ze nam alvast stoffen en lapjes mee, zocht naar vazen, lampen. Zes houten hutkoffers mocht ze vullen, wat tegelijk te veel en te weinig was. 'Hoe meer ruimte je hebt, hoe moeilijker het wordt.'

Olga was zich ervan bewust dat ze in Makassar in een 'buitenoord' terecht zou komen, een stad met brede lommerrijke lanen en een heuse zeeboulevard, volgens Joseph Conrad misschien wel de mooiste havenstad van de oostelijke archipel, en toch een afgelegen oord. Conrad situeerde er zijn roman *An Outcast of the Islands,* een van de eerste boeken die Olga in het Engels las, 'zonder er veel van te snappen'. Maar hoe prachtig de stad ook was als je haar vanuit zee naderde, Makassar bood weinig vertier. Een bezoek aan de sociëteit telde Olga niet mee, 'hoezeer ik ook, in tegenstelling tot Han, van dansen houd'. Ze doelde op een schouwburg, een concertzaal of een dansvoorstelling met gamelanmuziek, daarvoor was de stad weer net te klein.

In de weken voor het vertrek stortte ze zich in het 'societyleven' want 'daarvoor moet je echt in Batavia zijn'. Ze bezocht een concert in de Garden Hall van de Planten Dierentuin, een zaal met duizend zitplaatsen. Een met bloemen getooide zaal. 'Erg mooi. Ze speelden onder andere de *Achtste symfonie* van Beethoven. Geweldig was het. Een deftige beweging. Maar dat is echt Indië. Je ziet hier in de Garden Hall of in de Schouwburg veel mooiere japonnen dan in Holland. 't Is hier ook geen kale deftigheid, want de meesten verdienen een goed salaris. Wel zie je hier van die echte Gweediëns, die hier rijk geworden zijn.'

Ik weet niet wat 'Gweediëns' zijn, het ligt niet aan haar handschrift en waarschijnlijk evenmin aan een foute spelling. Olga schreef zelden slordig, het moet een woord van toen zijn geweest, afgeleid van 'gedwee', in de betekenis van 'onderdanig', 'buigzaam', 'toegeeflijk'. Misschien een nette aanduiding van parvenu's die binnen de kortste keren tot de hoogste kringen wisten door te dringen. Of was het toch een verschrijving?

'Het is een wonderlijk mengelmoesje van mensen hier in Batavia. Niet alleen de Europeanen maar ook de Inlanders zijn hier zo gemengd. Han hoorde over een man die zes jaar geleden geen luis had om dood te drukken, maar hij schopte het tot procuratiehouder, verdient nu 1000 gulden in de maand, woont in een schitterend huis en slaat geen concert of toneelvoorstelling over.'

Over de gamelanvoorstelling die ze uiteindelijk bijwoonde, schrijft ze weinig, behoudens dat ze 'helemaal opgenomen werd in de sfeer'. De gratie die Godowsky in de dansen zag, brachten haar pen niet in beweging, noch de glitter van de kostuums. Wel schreef ze dat het een volksconcert was en de toegang slechts dertig cent bedroeg. Ik herken daar iets van mijn moeder in, voor wie zuinigheid de belangrijkste was van alle deugden.

De volgende dag ging ze op zoek naar bladmuziek, 'want dat zal ik in Makassar niet kunnen vinden'. Ik vermoed dat ze tijd tekortkwam in die dagen.

Veel deed ze alleen; Han haastte zich van de ene afspraak naar de andere. Voor zijn onderzoek naar islamitische bewegingen was hij van twee opdrachtgevers afhankelijk, het gouvernement en de Indische Kerk – de protestantse staatskerk. Gouvernement en Kerk waren het niet met elkaar eens over de voorwaarden waaronder hij zijn onderzoek kon doen, onder wiens verantwoordelijkheid hij precies zou vallen en of hij inderdaad na verloop van tijd in Benteng op Saleier gestationeerd zou worden.

'Het is een kat-en-muisspel,' schrijft Olga, 'om het vertrouwen van de bevolking te winnen vindt het Gouvernement het beter dat we op Saleier gaan wonen, en dat we op termijn een huis in de hoofdplaats Benteng laten bouwen, maar de Indische Kerk wil Han ook inschakelen bij het gemeente- en zendingswerk in Makassar en op andere plekken in Zuid-Celebes en weigert hem volledig uit te lenen voor zijn wetenschappelijke taak. Ze noemen hem "het verwende jochie" terwijl hij louter en alleen voor deze missie naar Indië is uitgezonden. Han wil gewoon aan het werk en wordt tureluurs van het gezeur.'

In de eerste brieven noemt ze hem nog af en toe Johan. Vervolgens wordt het consequent Han, afgeleid van zijn volledige naam, Johannes. Na de oorlog schrijft ze Jan, zijn naam voor iedereen. Han hoorde bij de mooiste jaren uit haar leven, de jaren waarin ze samen met hem Indië ontdekte, en ze naar elkaar toe groeiden. Ik heb haar thuis nooit Han horen zeggen, zelfs niet op momenten dat ze hun jaren in de tropen in herinnering riep. Han, begon ik te begrijpen toen ik haar brieven las, was de betere Jan, of de Jan zoals hij oorspronkelijk was, een mateloze idealist. Hij onderging Indië als een wedergeboorte en besloot zelfs zijn verjaardag op een andere dag te vieren, op de 28ste maart in plaats van de 27ste. Dat moet een reden hebben gehad, maar ik weet niet welke. Misschien had het iets met zijn moeder te maken, of had zijn vader weer eens te veel gedronken, en had hij pas een dag later aangifte van geboorte van zijn zoon gedaan, zijn derde zoon. Tekenend genoeg heb ik de twee broers van mijn vader nooit gekend.

Het eerste bericht dat Han in Batavia ontving, meldde de dood van zijn moeder. Terwijl hij aan boord van de Johan van Oldenbarnevelt de Indische Oceaan overstak, was zij thuis overleden na een ziekbed van precies vijfentwintig jaar. 'Met haar dood had ze gewacht tot ik vertrokken was en om me geen heimwee te bezorgen had ze er niet al te lang mee gewacht,' vertelde mijn vader me tamelijk laconiek toen ik hem interviewde. Vreemd genoeg lees ik daar niets over in de brieven van Olga. Wie stuurde hem de doodstijding? Zijn oudste zus Map? Zij was als een moeder voor hem geweest, maar ik kom haar naam slechts één keer in de brieven van Olga tegen. Ik lees ook nergens dat mijn vader tijdens die eerste weken in Indië in rouw was of soms een avond lang zat te treuren. Integendeel, ik geloof dat het vanaf dag één in Indië zijn sterkste wens was om daar voor altijd te blijven en nooit meer naar Europa terug te keren. Hij scheen zich evenmin zorgen te maken hoe het nu verder moest met zijn vader. Zijn vertrek naar Indië had veel weg van een vlucht, of misschien zelfs dat niet: hij behoorde tot het slag emigranten dat gelooft dat alles wat komen zal beter is dan wat ze achter zich hebben gelaten. Hij leefde op in Batavia en Buitenzorg, zei dat dit nu zijn toekomst was.

Olga bezocht een kapper en liet haar haren kort knippen. Het werd meer een jarentwintig- dan een jarendertigkapsel. Ze vond kort haar het best bij de tropen passen. 'Met een scheiding links en vingergolven langs de oren. Ze noemen het hier een jongemannenkapsel en dat bevalt me.'

Ze woonde een paar concerten bij – voor zover ik kan nagaan: alleen, of in ieder geval niet in het gezelschap van Han – met muziek van Bach, Brahms, en een recital van Lili Kraus, die 'dik donker haar' had, 'zwarte vlechten samengevlochten achter haar hoofd'. Kraus deed haar denken aan de keer in Duitsland dat ze een recital had bijgewoond en de pianiste eruitzag alsof de eerste dertig jaren van de twintigste eeuw aan haar voorbij waren gegaan. Maar ze vergat dat allemaal toen Lili Kraus begon te spelen.

De Joods-Hongaarse pianiste zou een paar jaar later naar Java terugkeren en door de oorlog worden verrast. Lili Kraus, haar man Otto Mandl en hun twee kinderen werden gearresteerd en in een jappenkamp opgesloten. Echt beklagen deed ze zich daar niet over, in Europa zou haar lot vele malen ernstiger zijn geweest als de nazi's haar te pakken hadden gekregen. In de Japanse concentratiekampen werd geen onderscheid gemaakt tussen Joden en andere geïnterneerden. Het strekte tot haar voordeel dat de Japanse kampcommandant voor de oorlog naar een 78 toerenplaat van haar had geluisterd, naar een sonate van Mozart die hem zo na aan het hart lag dat hij de pianiste vrijstelde van elke vorm van arbeid en haar af en toe wat extra eten toestopte. Dit liet onverlet dat ze iedere morgen om zeven uur Tokyotijd (dat was halfzes Bataviatijd) met haar kinderen aan het appel moest verschijnen en voor de Japanse vlag moest buigen. De bevrijding kwam voor haar, net als voor mijn moeder en mijn broers, op 15 augustus 1945.

'Ik heb nog nooit iemand zo piano horen spelen,' schrijft Olga. 'Een Schubert om kippenvel van te krijgen.'

Lili Kraus was een studiegenoot van Zoltán Kodály en Béla Bartók. En was, als veel pianisten uit die tijd, een bewonderaar van Leopold Godowsky.

II

De gamelan heeft een andere dan de westerse stemming en hanteert de microtonale toonschaal. Hoe dat precies zit besprak Godowsky in Bandoeng met Paul Seelig. Hij liet zich ook door Seelig de verschillende ritmes van de Hindoe-Javaanse dansen uitleggen, want gamelan is theatermuziek, bedoeld om de dans- en wajangvoorstellingen te begeleiden.

Met Seelig kom ik op een iets bekender terrein. Zijn naam hoorde ik voor het eerst uit de mond van Hella Haasse. Ik interviewde haar toen ze nog in Den Haag woonde, het onderwerp was 'schrijven', met name het schrijven van historische romans, ze had net *Mevrouw Bentinck of Onverenigbaarheid van karakter* (1978) voltooid. Nog niet haar beste boek, dat zou het op Java spelende *Heren van de thee* (1992) worden, tenminste voor mij, een roman die me pagina na pagina aan mijn moeder deed denken en aan de rol die ze in Indië had gespeeld, als onderdeel van een systeem. Want dat is het grote thema van Hella Haasse, een mens kan wel van alles willen, hij of zij blijft onderdeel van een gezin, een familie, een stad, een land, een maatschappij, een politieke constellatie, een systeem zoals het kolonialisme of het imperialisme, en wie denkt daaraan te kunnen ontsnappen, komt altijd bedrogen uit.

Hella Haasse vertelde me – ik hoor haar warme stem weer, ze had de stem van een actrice, een stem voor het toneel, je kon horen dat ze opgeleid was aan de Amsterdamse Toneelschool – dat ze altijd schreef met muziek aan, bij voorkeur Debussy. Haar moeder was een bekende concertpianiste in Nederlands-Indië geweest, ze had in haar jeugd voortdurend muziek gehoord, zat als klein kind graag op de grond onder de vleugel, zag de pedalen op- en neergaan onder haar moeders energieke voetbewegingen en hoorde vlak boven haar de klanken botsen en trillen in het hout, altijd met dat typische doffe slissende bijgeluid, veroorzaakt door het langs elkaar schuren van de viltlagen op de hamertjes. Ze hield van de piano, van het ruisen van de toonladders; haar moeder had zelfs geprobeerd een pianiste van haar te maken, maar pakte dat zo draconisch aan dat ze nooit meer een vinger op de toetsen had gezet.

De naam van haar moeder bleek een mond vol, Käthe Diehm Winzenhöler, ze was geboren in Frankfurt. Háár moeder was een operette-, variété- en circusartieste, had haar man in de steek gelaten en was met Käthe en haar twee zussen Duitsland ontvlucht om zich in Den Haag te vestigen. Op zich al een roman. Die man – Diehm Winzenhöler – was trouwens een schoenlapper geweest en ze had hem ingeruild voor een Hollandse professor. Ze heette Hélène Serafia en Hella Haasse heeft altijd die S in haar schrijversnaam behouden, de S van haar oma Serafia.

Käthe doorliep het conservatorium in Den Haag, reisde haar verloofde achterna naar Indië en begon aan een drukke loopbaan als pianist en docent. Käthe, vertelde Hella Haasse me, had de première van het *Pianoconcert in fis majeur* van Paul Seelig in Bandoeng mogen uitvoeren, in 1931 – het concert was zelfs aan haar moeder opgedragen.

Jaren later herinnerde ik me Käthe weer toen ik in een boek over Indische componisten en Indische composities op de naam Paul Seelig stuitte. In *De oostenwind waait naar het westen* van Henk Mak van Dijk werd hij voorgesteld als 'de rijkst begaafden en grootsten toondichter die zich ooit op Nederlandsch-Indië heeft geïnspireerd'. Ik moest daar toen om lachen, zó gezwollen, zó overdreven. Maar nadat ik in een Amerikaanse musicologische studie had gelezen dat de in Bandoeng woonachtige Indische componist Paul Seelig grote en diepe indruk op Leopold Godowsky had gemaakt vanwege zijn ontzagwekkende kennis van de Javaanse traditionele muziek, aanvaardde ik dat als vanzelfsprekend en twijfelde ik er niet meer aan dat we hier met een groot man te maken hadden.

Paul Seelig zag eruit als een Javaan. Niet door zijn kledij, nee, fysiek. Hij was mager, niet erg lang, broos bijna, had gitzwart haar en ogen die bijna deden geloven dat zijn moeder een Javaanse was, zoals het gerucht ging. Dat strookte niet met de feiten, ze was een Duitse, getrouwd met een Duitse orkestmuzikant – Paul werd in 1876 in Dortmund geboren. Zijn vader had besloten zijn geluk in Nederland te beproeven, in Breda, waar hij stafmuzikant op de Koninklijke Militaire Academie was geworden, maar algauw had een groter avontuur hem gelokt en was hij met vrouw en kind op de boot naar Indië gestapt. In Semarang was hij de piano- en muziekzaak

J.H. Seelig & Zoon begonnen en had hij het orkest van de schutterij gedirigeerd.

Paul kreeg de eerste muzieklessen van zijn vader en moest naast de viool en de piano tal van andere instrumenten bespelen om de vacatures in het orkest van zijn vader op te vullen. Erg aardig was die vader niet, altijd nerveus, een driftkikker, zijn handen zaten los en hij sloeg ongenadig hard. Paul werd een ziekelijk kereltje en knapte pas op toen zijn vader hem en zijn jongere, in Indië geboren broer Willy naar Leipzig stuurde, waar ze beiden aan het conservatorium studeerden. Paul koos als hoofdinstrument cello. Hij was toen veertien. De vijf jaar die hij in Duitsland doorbracht deden zowel zijn spel als zijn gestel goed, hoewel hij aan de magere kant bleef. Terug op Java vestigde hij zich in het bergplaatsje Salatiga, omwille van de gezonde lucht maar vooral om het dichtbijgelegen hof van Solo, waar hij zijn eerste muzieklessen gaf en af en toe optrad. Met het verdiende geld keerde hij naar Duitsland terug, voltooide zijn studie en werkte enige tijd als cellist en dirigent.

In 1899 besloot het hof van Solo tot oprichting van een Javaans orkest – dat heette toen 'een inlands muziekcorps' – en vroeg Paul Seelig kapelmeester te worden. In tegenstelling tot de sultans van Djokja waren de sultans van Solo nooit virulent anti-Europees of antiblank geweest, en ze vroegen Seelig het gamelanorkest met twintig Javaanse leden te leiden, waarbij in zijn voordeel sprak dat hij er zo Javaans uitzag. Van dat muziekgezelschap maakte Seelig een professioneel orkest dat uit zestig musici zou bestaan en zowel Javaans als Europees repertoire aankon. Het kreeg de fraaie naam het Solosche Hoforkest.

In de kraton van de vorstenstad Solo, de Kraton Hadiningrat, raakte Seelig vertrouwd met de traditionele Javaanse muziek en begon hij gamelanthema's in westers notenschrift vast te leggen. Hij deed dat met de nauwgezetheid van een musicoloog en bracht tweehonderd thema's bijeen in de bundel *Gending Djawi*, die in 1922 in Bandoeng verscheen.

Anders dan ik uit de brieven van Olga opmaakte werd Bandoeng de cultuurstad van Java en de meest mondaine stad van de Indische archipel, niet Batavia. Het was ook de reden geweest waarom vader Seelig de piano- en muziekhandel naar die stad had overgebracht. Na zijn overlijden verhuisde Paul naar Bandoeng en nam de zaak over. De winkel werd onder zijn leiding een pleisterplaats voor muzikanten, en het was daar dat Seelig tekst en uitleg gaf aan Godowsky, die helemaal weg was van de tonen van de gamelan. 'Zo vreemd,' schreef Godowsky in de inleiding bij de partituur van de *Java Suite*, 'zo kleurrijk, fantastisch en betoverend, de inheemse muziek zo verleidelijk, vaag, glanzend en bijzonder, dat ik bij het luisteren naar deze nieuwe wereld van klanken mijn werkelijkheidszin verloor, en mij gevangen waande in deze toverklanken.'

Seelig combineerde oosterse motieven met westers romantisch idioom, cross-over, zouden we nu zeggen. Godowsky volgde zijn voorbeeld en verwerkte gamelanmotieven in zijn *Java Suite* zoals Seelig dat in zijn composities *Rapsodie javanaise* en *Marche javanaise* had gedaan. Bij het derde stuk uit de *Java Suite*, de verklanking van een Javaanse markt, 'Hari Besaar', ontleende Godowsky het thema regelrecht aan Seeligs *Javaanse Rapsodie*.

Het is lastig na te gaan hoeveel Godowsky schatplichtig is

aan Seelig. De Amerikaanse musicologe Jasmin Arakawa, die in Japan is opgegroeid en aan de universiteit van Indianopolis op de *Java Suite* van Godowsky promoveerde, is stellig in haar proefschrift: 'Zonder de ontmoeting tussen Seelig en Godowsky zou de *Java Suite* nooit zijn ontstaan.' Maar ik kan de componisten niet met elkaar vergelijken. Van de *Java Suite* heb ik binnen drie dagen twee uitvoeringen in huis; op YouTube kan ik Godowsky zelf 'De tuinen van Buitenzorg' horen spelen, een opname die van een krassende 78 toerenplaat is geplugd. Van Seelig bestaan slechts vier of vijf opnamen, en niet van hemzelf. Hij trouwde in 1914 met een Indisch meisje, Louise Alberti, en schreef voor haar een liefdeslied voor zang en piano, een romantische zetting van de *pantoen* (Maleis vierregelig gedicht) *Djaka begini*, maar ik zou niet weten of de partituur ergens te krijgen is. Hoe klonken zijn symfonische legenden *Djojobojo* en *Pandji*, gebaseerd op verhalen uit Java en Bali? Hoe sentimenteel was zijn *Indische Suite*, gebaseerd op krontjongthema's? De van oorsprong Portugese krontjong werd aan het begin van de 20ste eeuw ongelooflijk populair op de Indische eilanden, maar serieuze muziekliefhebbers keken erop neer, vonden krontjong minderwaardig, volks. Seelig kennelijk niet – en dat maakt hem direct al interessant; hij ging op zijn eigen smaak af. Wat deed hij met die schlagerachtige wijsjes?

En hoe klonk zijn *Pianoconcert in fis majeur,* dat de moeder van Hella Haasse voor het eerst uitvoerde, een van zijn grote en gecompliceerdere werken dat volgens de recensent van de *Java-Bode* wel erg zwaar aanleunde tegen de gamelanmuziek en dat veel te weinig 'ontwikkeling' vertoonde? Ontwikkeling van de thema's hoort inderdaad bij een pianoconcert in

Europese traditie, maar niet bij oosterse muziek. Ook op Java zelf werd Seelig niet begrepen, in ieder geval niet door de blanke culturele elite.

Hella Haasse sprak één keer in het openbaar over Paul Seelig, tijdens een avond in 2001 in de Rode Hoed in Amsterdam, waar ze een programma mocht samenstellen over haar muzikale voorkeuren. In 1931, vertelde ze toen, werd het orkest De Stafmuziek opgeheven, het laatste Indische symfonieorkest. 'Op de twee afscheidsconcerten in Batavia en Bandoeng speelde mijn moeder het aan haar opgedragen *Concert in fis mineur* voor piano en orkest van de Indische componist Paul Seelig, die van 1900 tot 1908 dirigent was geweest van het hoforkest van de sultan van Solo. Hij beschouwde het als een levenstaak Javaanse en Balinese muzikale motieven over te brengen in westers muziekschrift en bij zijn composities westerse instrumenten te gebruiken. Ik herinner mij de bezoeken bij ons thuis van de componist, een tengere oudere heer met levendige ogen achter zijn brillenglazen en een grijze snor. Hij adviseerde mijn moeder bij het instuderen van de partituur, die zo sterk de suggestie van de gamelan opriep, dat niet alleen onze bedienden elke keer weer hun werk staakten om te luisteren, maar vaak ook kooplui en andere voorbijgangers bij de ingang van onze tuin op de berm hurkten.'

Ik zou van deze scène de opening hebben gemaakt van een boek. In het grote witte huis in Bandoeng klinkt de piano als een gamelan. Bedienden stoppen met dweilen en poetsen, voorbijgangers gaan in het gras voor het huis zitten, het dagelijks leven komt tot stilstand en iedereen raakt in de ban van muziek die hun zo bekend in de oren klinkt... Voor haar

Zelfportret als legkaart koos Hella S. Haasse echter een ander openingsbeeld: groene tintelende bewegende vlekken hoog boven haar hoofd, de kronen van de reuzenwaaierpalmen in de Plantentuin van Buitenzorg – haar eerste herinnering. De palmen nam ze vanuit de kinderwagen waar, ze was toen twee jaar.

Seelig was voor Haasse slechts de verbinding naar Debussy. 'In zijn fascinatie voor exotische muziek sloot Seelig op zijn bescheiden wijze helemaal aan bij de grote Franse componisten uit het begin van de 20ste eeuw. De invloed van Aziatische motieven en toonsoorten op met name het werk van Debussy en Ravel heeft een revolutie teweeggebracht in de Europese muziek. Een spel van tevoren ongehoorde kleuren, subtiliteiten in klank en ritme.'

Over de betekenis die Seelig heeft gehad voor Leopold Godowsky heeft Hella Haasse denk ik niets geweten. En evenmin dat op het bureau van Maurice Ravel een partituur van Paul Seelig lag. Ze zou dan nog veel trotser zijn geweest op de man die vroeger bij haar thuiskwam. Seelig is veel belangrijker voor de muziek geweest dan algemeen wordt aangenomen.

In recenter tijden deed de antropoloog en pianist Henk Mak van Dijk, de schrijver van *De oostenwind waait naar het westen*, veel om de muziek van Paul Seelig onder de aandacht te brengen. Het resultaat bleef beperkt. Geen Nederlands orkest zette Seeligs pianoconcert op cd met een pianist van naam achter de vleugel, en bij mijn weten is het nooit in het Amsterdamse Concertgebouw uitgevoerd.

'Iedereen had wel iets met Indië, maar niemand had achting voor wat uit Indië kwam,' zei mijn moeder al.

Seelig had ook gewoon pech. Mede dankzij Godowsky begon er in de Verenigde Staten belangstelling voor zijn werk te ontstaan. Aan het begin van de jaren dertig kreeg hij een uitnodiging om in Amerika te dirigeren en om zijn eigen werken uit te voeren. Hij belandde in Hollywood, arrangeerde de muziek bij de film *Singapore Sue* (1932) met Cary Grant in een van zijn eerste rollen, als matroos die in een bar van Singapore verliefd wordt op een Chinees meisje. Seelig werd aangetrokken om de musicalmuziek een oosters tintje te geven. Een jaar later klonk zijn werk op de Wiener Festwochen, hij werd daar voorgesteld als de enige 'Aziatische' componist. Maar toen keerde het tij voor hem. In 1936 gingen Seeligs vrouw en dochter voorgoed naar Nederland, zijn beide zoons woonden daar al. Seelig bleef alleen in Bandoeng achter, zonder veel werk en opdrachten, balancerend op de rand van het faillissement, aarzelend wat hij met zijn verdere leven zou doen. Terug naar Europa wilde hij niet echt, maar hij miste zijn vrouw en kinderen. Hij aarzelde lang, te lang.

Aanvankelijk leek Seelig de oorlog goed door te komen. Ook de Japanners hielden hem voor een Javaan, waardoor hij achttien maanden lang aan internering wist te ontsnappen. Hij kon zich ook wat beter schuilhouden doordat hij alleen in Bandoeng was achtergebleven, zonder een gezin viel hij niet direct op. Mijn moeder, mijn broers, mijn vader gingen in maart 1942 het kamp in, Paul Seelig werd pas in september 1943 overgebracht naar het 15de Bataljon, een van de interneringskampen aan de rand van Bandoeng. Direct na zijn arrestatie ging het goed mis: zijn pianozaak werd door Japanse militairen leeggehaald, zijn manuscripten, transcripties van gamelanthema's, gedrukte composities en documentatie van de Indische muziekgeschiedenis gingen in vlammen op. Je zou kunnen zeggen dat eerst de componist werd gedood en vervolgens de persoon.

Het regime in het kamp in Bandoeng stond als redelijk bekend, niettemin werd Seelig in mei 1945 ernstig ziek en moest hij overgebracht worden naar het burgerkampziekenhuis Mater Dolorosa in de wijk Meester Cornelis in Batavia. De medische zorg schoot tekort; hij overleed op 12 juni 1945, twee maanden voor het einde van de Tweede Wereldoorlog in Azië.

12

Olga nam in Makassar les bij professor Cense. Hij werd haar docent Makassaars en Boeginees. Een keer in de week, en algauw om de andere morgen, toog ze naar zijn huis aan de Strandweg en kreeg ze een uur lang les. Dat uur liep vaak uit tot een halve morgen; als het om Makassaren en Boeginezen ging, kon Cense nooit ophouden met vertellen. En, gniffelde ze in een brief, hij was ook een beetje een kletsmajoor.

Zijn naam was me al vertrouwd toen ik nog een jonge jongen was. Alle jaren van mijn jeugd sprak mijn moeder over professor Cense, altijd met een warme klank in haar stem en altijd met die toevoeging 'professor'. Ik vermoedde een ouderwets soort eerbied die mijn broer Michiel 'titelgeilheid' noemde. Wat het bijzondere van die professor Cense was wist ik niet, en mijn broer denk ik evenmin. Tegenwoordig kun je alles snel nazoeken, toen mocht je van geluk spreken wanneer je twee regels tegenkwam in een encyclopedie.

Anton Abraham Cense was elf jaar ouder dan Olga en niettemin een jongeman toen hij haar begon les te geven, nog geen vijfendertig jaar. Hij was een type taalgeleerde van wie ik me afvraag of dat tegenwoordig nog voorkomt; ik denk haast van niet. Van één woord kon hij jarenlang de oorsprong zoeken, bijvoorbeeld van 'Sanggalea', waarmee de Makassaren de Chinezen aanduiden. Al decennialang telde Makassar een omvangrijke Chinese gemeenschap; door 'Sanggalea' te herleiden kon Cense nagaan wanneer die Chinezen naar Makassar waren gekomen en uit welk deel van China ze afkomstig waren. Hij moet een talenknobbel hebben gehad die zo groot was als de Blaeuglobe. Cense pikte talen op zoals anderen op een vroege morgen uit vissen gaan en met een gevulde emmer thuiskomen. Tijdens zijn studie Indische letteren in Leiden deed hij er voor de lol nog even Perzisch, Turks en Russisch bij. Zijn kennis van het Turks zou rond zijn zestigste nog ruim voldoende blijken om hem als directeur van het Nederlands Historisch-Archeologisch Instituut in Istanboel een pensioentje te bezorgen, zijn Russisch was in zijn studententijd al toereikend om *De idioot* in de originele taal te lezen. Ik weet niet of Olga van het laatste op de hoogte was, ze schreef er niet over in haar brieven, ofschoon ik me niet kan voorstellen dat ze het daarover níét met hem heeft gehad. Hun band was zo vertrouwelijk dat ze volgens mij nauwelijks geheimen voor elkaar hebben gekend.

Van de Indische talen beheerste Cense tot in de perfectie het Oud-Javaans, het Makassaars en het Boeginees. Het Makassaars werd in 1936 door circa 600 000 mensen gesproken die aan de westkant van de dikste poot van Celebes woonden, het Boeginees door anderhalf miljoen aan de oostkant van diezelfde spinnenpoot. Het waren dus geen dode talen, maar evenmin werd er veel onderzoek naar verricht.

Waar ik het meest van opkeek, was de foto van Cense die

ik op internet vond. Ik verbaasde me over zijn kledij. Mijn moeder kreeg jarenlang les van een professor die een sarong droeg, een geblokte rok die vanaf de knie week, en een witte kabaai, die slordig openstond. Hij was een gezette man die op sandalen liep en nauwelijks was te onderscheiden van een Makassaar of een Boeginees. Tenzij je op zijn korte, krullende haar lette, dat – hoewel ik het niet goed kon onderscheiden op die oude foto – waarschijnlijk donkerblond was. Een uitdrukking schoot me te binnen toen ik de foto zag, een karakterisering die ik dikwijls in Afrika hoorde. Professor Cense *went native*. In alles wat ik over hem las, deed hij me aan Georges Retord denken, de hoogleraar in de Afrikaanse talen Baoulé, Dioula, Bété, Senari en de dialecten Agni en Sanvi, die ik onder de naam Félix Rocher in mijn Afrika-boeken opvoerde. In zijn huis in Grand-Bassam, de voormalige hoofdstad van Ivoorkust, was ik herhaaldelijk te gast en zag ik hoe hij zich als een Afrikaan gedroeg en kleedde, zich met Ivorianen omringde en hoe zijn hele handelen en denkwijze Afrikaans was geworden.

Uit Olga's brieven begreep ik dat Cense vrijgezel was. Niet zijn hele leven overigens, in een in memoriam las ik dat hij op zijn zestigste alsnog in het huwelijk was getreden met de weduwe van een collega-geleerde, de etnoloog Gerrit Jan Held, schrijver van *Papoea's van Waropen*, de eerste verantwoorde etnografie van een Papoeavolk. Held was tot zes jaar na de onafhankelijkheid in Indonesië gebleven, en vlak voor zijn terugkeer naar Nederland op negenenveertigjarige leeftijd overleden. Zijn vrouw Bouwina had zijn nagelaten geschriften willen uitgeven, en ze had de hulp van Cense ingeroepen, die in 1949 naar Nederland was teruggekeerd. Van dat nagelaten werk zou slechts één deel verschijnen, maar uit hun samenwerking kwam het huwelijk voort. Het was, vermoed ik, de verhouding van twee Indischgasten die elkaar uit de eenzaamheid wilden verlossen, of in in ieder geval, die bij elkaar troost zochten. Beiden hadden het door een gebrek aan waardering en zeker ook door een erbarmelijk gebrek aan inkomsten erg moeilijk gekregen.

Op Celebes was Cense nog een verstokte vrijgezel. Hij leek overigens in niets op de verstrooide professor die een geïsoleerd bestaan leidt. In Makassar had hij een keur van schrijvers om zich heen die in een 17de-eeuws huis binnen de muren van Fort Rotterdam klassieke Makassaarse en Boeginese teksten kopieerden – van oude godsdienstonderwijzers tot jonge mannen die de taal van de straat spraken – of in het geval van de Boeginezen: de taal van vorsten, vissers, rijst- en tabaksboeren en zeelieden.

Olga vond niets vreemd of merkwaardig aan haar leermeester, ook niet dat hij in een sarong rondliep. Voor haar was hij 'razendknap' en 'bescheiden' en altijd prettig in de omgang, 'iedereen was gelijk voor hem'. Ze had direct in de gaten dat ze ongelooflijk veel van deze man kon leren, en niet alleen in taalkundig opzicht. De houding die hij aannam vond ze van het begin af aan indrukwekkend.

Cense was gepromoveerd op *Het Verhaal over de Kadi en de Geleerde Dief*, een Maleis sprookje dat uit het Arabisch was vertaald. Hij had de oorsprong opgespoord en onderzocht hoe sterk het van het oorspronkelijke verhaal was afgeweken. In 1928 was hij naar Batavia gestuurd en aangesteld als 'ambtenaar voor de beoefening van Indische talen' en kreeg hij opdracht onderzoek te verrichten naar een Samin-groepering in het noorden van Midden-Java. Surontiko Samin was de grondlegger van een tegen het Nederlandse bewind gerichte opstandige boerenbeweging op Java. Of eerder: tegen de bemoeizucht van de Nederlanders. Het scheelde weinig of het Binnenlands Bestuur stelde vast op welke tijd en welke plaats de bevolking zijn behoefte kon doen. Het opvallende van Surontiko Samin was dat hij tot lijdzaam verzet opriep, zoals Gandhi dat kort daarna in India zou doen. Uit het rapport dat Cense opstelde bleek dat hij meer begrip en waardering voor de opstandelingen en hun inspirator opbracht dan voor de belaagde ambtenaren. Het leverde hem een overplaatsing op naar Makassar met de opdracht de voornaamste streektalen nader te bestuderen. Het had iets van een degradatie, ofschoon zoiets nooit openlijk zou worden toegegeven in de koloniën. Ver van het centrum van de macht verschafte zijn nieuwe standplaats hem veel vrijheid en werd hij de tweede grote specialist van het Makassaars en Boeginees – de eerste was Benjamin Frederik Matthes (1818-1908) geweest.

Matthes was een andere naam die ik vroeger thuis vaak hoorde. Als mijn moeder over hem sprak, had ze het altijd over 'Doctor' Matthes. Hij was misschien een nog wel romantischer personage dan professor Cense: hij won het vertrouwen van een uitzonderlijk geletterde prinses, Colliq Pujié Arung Pancana Toa (1812-1876), die de dochter was van de koning van het Boeginese vorstendom Tanete. Zij onthulde voor de Hollandse taalgeleerde de geheimen van het Boeginese epos *La Galigo,* dat tussen de 13de en de 15de eeuw is ontstaan en in de 18de eeuw op schrift is gesteld. Het geldt als het langste epos van de wereld – het manuscript dat Matthes bestudeerde telde 2851 pagina's. Cense wist daar honderden vellen aan toe te voegen.

Jaren achtereen bogen Matthes en prinses Toa zich over het manuscript. Matthes werkte tegelijkertijd aan een Bijbelvertaling in het Boeginees en vond dat die vertaling bij de poëtische taal van het epos moest aansluiten. Zijn respect voor het taalgevoel van de prinses nam met de dag toe en uiteindelijk werd Matthes een halve rebel die de 'schandelijk miskende bevolking' van Zuid-Celebes te vuur en te zwaard verdedigde, niet alleen tegenover de lokale koloniale autoriteiten maar ook tegenover het centrale gezag in Batavia.

Het was niet zo vreemd dat een vrouw hem inwijdde in de taal en de geheimen van de Boeginezen. In tegenstelling tot het Makassaarse vorstendom Gowa, waar een strenge islamitische moraal heerste, konden in het Boeginese vorstendom Bone ook vrouwen van hoge adel *aroempone* (vorst) worden, of *aroe* (hoofd) van de kleinere vorstendommetjes waaruit het Boeginese rijk bestond. Die vrouwelijke aroempones of aroes waren niet minder trots en heerszuchtig dan de mannelijke, en dikwijls waren ze despotischer. In prinses Toa trof Matthes echter een zeldzaam verfijnde aristocraat aan met het taalgevoel van een dichter.

Bij ons thuis stond in de boekenkast de biografie van Matthes, die ik weleens doorbladerde en waarin mooie plaatjes stonden van de prinses die met een Boeginese vorst trouwde en haar leven eindigde als een alom gerespecteerde koninginmoeder. Zij wekte mijn interesse naar andere Boeginese vorsten. Zo rond mijn veertiende begon ik H.J. Friedericy te lezen, korte, schitterend vertelde en toen al bijna vergeten romans en verhalen die aan het hof van Bone en Tanete spelen. Ik werd verliefd op menige Boeginese prinses die in de beschrijving van Friedericy altijd kleine borsten had die met hun volmaakte vorm een omgekeerd evenredig groot verlangen opriepen. Voor mijn vertrek naar Sulawesi herlas ik het werk en was verbaasd over de intensiteit. Friedericy beschreef de Boeginese vorsten, vissers en boeren alsof hij in Bone of Gowa was geboren, terwijl hij slechts acht jaar op Celebes had vertoefd. Mijn moeder, die hem tweemaal bij professor Cense thuis had ontmoet, vond zijn werk 'groots', wat wel grappig was, want zijn oeuvre was klein en geen boek van hem telde meer dan honderdveertig pagina's. Maar ze had gelijk, het grootse zat juist in de beperking.

Oorsprong van veel van zijn verhalen was het Boeginese epos *La Galigo* of *Sureq Galigo*. Dit schier eindeloze gedicht was toen alleen bekend bij een paar taalgeleerden en een paar bejaarde aristocraten aan het hof van Bone en Gowa. Toen het uiteindelijk voor een groot, internationaal publiek werd ontdekt, kreeg het direct de status van de *Ilias* en de *Odyssee*. De Amerikaanse theaterreus Robert Wilson maakte in 2004 een toneel-, dans- en muziekbewerking: *I La Galigo*. Een adembenemende voorstelling van het mythische scheppingsverhaal dat in alle wereldsteden werd uitgevoerd, en uiteindelijk ook in Fort Rotterdam in Makassar. Op dezelfde plek dus waar jaren achtereen de assistenten van professor Cense de oude en halfvergane manuscripten hadden zitten overschrijven.

Ik miste het spektakelstuk. Kort na de première in Singapore werd het in het Amsterdamse Muziektheater uitgevoerd, van 12 tot 15 mei 2004. Ik geloof dat ik niet eens wist dat het gebaseerd was op het Boeginese sprookje over het ontstaan van de wereld (met een tweelingbroer en -zus, de Boeginese versie van Adam en Eva) en dat het voor het eerst in de wereldgeschiedenis de schijnwerpers wierp op een Indonesische cultuuruiting buiten Java en Bali. Het ontsnapte compleet aan mijn aandacht. Ik ging ooit naar *Einstein on the Beach* van dezelfde Robert Wilson, niet naar zijn *I La Galigo*. Dat het een adembenemende voorstelling was, zag ik pas recentelijk, op internet.

Er zijn periodes geweest dat ik niets van het Indië van mijn ouders en mijn broers moest hebben. Een soort irritatie, als een allergie. Mijn moeder kon daar wel inkomen. Af en toe waarschuwde ze me er zelfs voor. 'Verdwaal niet in ons verleden,' zei ze me een keer. Ik herinner me niet meer wat de aanleiding was, misschien wel het interview met Hella Haasse. Dat was in 1979, het jaar waarin ik mijn reis naar Bali en Sulawesi maakte, en de huizen waar mijn ouders in Makassar hadden gewoond met eigen ogen zag. Het huis aan de Marosweg. Het huis aan de Tromplaan.

Ik geloof dat mijn moeder het iets anders zei. 'Verdwaal maar niet in ons verleden.' Pas op, zal ze hebben bedoeld, het brengt je in verwarring, je kunt er de kluts van kwijtraken. Met als ondertoon: 'Je bent toch al zo gevoelig.'

Aan de hand van sprookjes leerde professor Cense haar het Makassaars. Ik heb een bloemlezing in mijn boekenkast staan die half uit de band ligt en waarin niet alleen Olga maar ook mijn vader tal van aantekeningen in de kantlijn heeft gemaakt. Die van mijn vader zijn herkenbaar aan zijn vrijwel niet te ontcijferen kriebelschrift. Ik vermoed dat ze in het begin samen les namen bij Cense, maar Han moest steeds vaker en steeds langer voor onderzoek naar Saleier. Hij moest daar ook tal van praktische dingen regelen, zoals de oprichting en de bouw van vier scholen, en ja, erg praktisch was hij niet. Tijdens zijn eerste reizen ging Han alleen, na ongeveer anderhalf jaar ging Olga geregeld mee om de besprekingen met timmerlieden en metselaars te voeren, ook over de bouw van hun huis. Daarna ging Han weer vaak alleen, dan was hij soms wel drie tot zes weken weg. Olga besloot alleen door te gaan met de studie Makassaars en na enige tijd kon Han haar niet meer bijbenen. Later schoof hij weer aan, en toen probeerde hij ook het Boeginees onder de knie te krijgen.

Het boek met sprookjes en legenden waaruit Olga het Makassaars leerde, *Makassaarsche Chrestomathie*, was in 1883 bij Martinus Nijhoff in 's-Gravenhage verschenen en bij C.A. Spin & Zoon in Amsterdam gedrukt. Iedere keer wanneer ik het boek doorblader, vind ik het een wonder dat een Amsterdamse drukker in 1883 in staat was om het gecompliceerde Makassaarse schrift in lood te zetten, maar de samensteller van de bloemlezing, dr. B.F. Matthes, vond dat niet bijzonder: voor het Makassaars, schreef hij ter inleiding, waren slechts dertig letterstaven nodig terwijl voor het Oud-Javaans minstens 225 letterstaven gebruikt moesten worden. Matthes zag de bloemlezing in de eerste plaats als leer- en leesboek voor leerlingen van de Kweekschool voor Inlandsche onderwijzers die hij in 1876 had opgericht. Hele generaties Makassaarse schoolmeesters zouden eruit voorlezen.

Professor Cense zette het werk van Matthes voort. Hij zou tot 1940 op Celebes blijven, het gouvernement adviseren over het talenonderwijs aan Makassaarse en Boeginese kinderen, gegevens verzamelen over talen en dialecten, godsdienstige gebruiken, moslimrecht, vorstenorganisatie, folklore en adat. Een van zijn mooiste vondsten was een serie losbladige Boeginese dagboeken uit de 18de, 19de en begin 20ste eeuw die hij aantrof in het huisarchief van de vorst van Gowa. Op grond van die journalen en notitiebladen kon hij drie eeuwen geschiedschrijving reconstrueren vanuit het gezichtspunt van de gekoloniseerden. In een van de dagboeken vertelt een Bonese *tomarilaleng* (minister) over zijn bezoek aan Thomas Stamford Raffles in Buitenzorg tijdens de Britse bezetting van Java (1811-1816) en het leven in het paleis van de Engelse luitenant-gouverneur. De wijze waarop Raffles een gezant van een van de Indische vorstendommen ontving, strookte niet met zijn reputatie van houwdegen – hij was een en al oor en wilde alles weten over de flora en fauna van Gowa en Bone. Raffles was een gedreven natuuronderzoeker. Naar hem was de *rafflesia* vernoemd, de grootste bloem ter wereld die in de bloeitijd een lijklucht voortbrengt. Raffles wordt ook wel genoemd als de oprichter van de botanische tuin in Buitenzorg, maar dat is een vergissing. Zijn tweede vrouw overleed toen hij in het paleis van Buitenzorg de scepter zwaaide, en hij liet haar in de tuin begraven, in een gebouwtje met een fraaie koepel. Het staat er nog steeds, ik heb er in 1991 een tijdje zitten uitpuffen in de schaduw.

Nu ik erover schrijf, komen steeds meer herinneringen terug. Misschien is dat wel het nut van schrijven, dat je uit dat geweldige archief dat je in je hoofd meedraagt een paar mappen trekt met indrukken en beelden. Ik zie de Kebun Raya Bogor steeds helderder voor me, ik zie iemand op me afstappen, een gesprek beginnen, maar ik weet niet meer waarover het gaat. En ja, dan hoor ik de roep van een vogel en ben er bijna zeker van dat het de piet-van-vliet is. Over deze kleine grijs-bruin-oranje klaagkoekoek met de soortnaam *Cacomantis merulinus* wordt verteld dat hij op de inheemse, islamitische begraafplaatsen lange gangen graaft in de nog rulle bodem en het haar wegpikt van pas begraven doden. Als de vogel zingt, lijkt hij 'piet-van-vliet' te roepen, en je kunt er dan zeker van zijn dat de donkere wolken boven de vulkanen Salak en Gedeh tot ontlading komen. De vogel kondigt regen aan, en de dood.

13

Algauw vond Olga een geschikte manier om met Makassaarse vrouwen in contact te komen, zonder opdringerig te zijn. Olga gaf ze naailes, leerde ze met een Pfaff-trapnaaimachine om te gaan, want nog niet alle huizen van de kampongs waren op elektriciteit aangesloten, of met een kleinere elektrische naaimachine, die als bijzonderheid de roterende grijper had. Handige machines voor vrouwen die niet alleen hun eigen kleren en de kleren van hun kinderen maakten maar ook een centje bijverdienden door zijden of batik shirts aan de modehuizen van de stad te verkopen. Zelf was Olga geen heldin met naald en draad en fleurde ze niet echt op achter een naaimachine, maar het gaf haar de mogelijkheid ongedwongen met de Makassaarse vrouwen om te gaan.

In de stad heerste een vorm van apartheid. Makassar had een Europese wijk waar tevens welgestelde Chinezen woonden, een arme Chinese wijk vol gokhuizen en opiumkitten, een Boeginese wijk nabij de haven, een Ambonese wijk en een flink aantal Makassaarse kampongs. Niet dat er prikkeldraad rond die wijken stond, maar buiten de markt om was er weinig onderling contact tussen de diverse bevolkingsgroepen. Welgestelde Makassaren werd het door het koloniale stadsbestuur zo lastig gemaakt dat ze er niet over peinsden een huis in de Europese wijk te kopen; het zou ze een fortuin kosten aan extra belastingen. Hun huizen lieten ze in de handelswijk nabij de haven bouwen.

Makassaren, felle moslims, keerden zich sinds de komst van de islam in de 16de eeuw consequent tegen vreemden. Admiraal Cornelis Speelman, die in 1666 met zeshonderd man krijgsvolk aan de verovering van Makassar begon, had daar drie jaar voor nodig en wist uiteindelijk alleen met hulp van de vorst van het Boeginese koninkrijk Bone het verzet te breken. Even vijandig stonden Makassaren tegenover de koloniale ambtenaren en militairen die het Nederlandse gezag in de 18de en 19de eeuw verder uitbreidden, en tegenover de andere volken die op Celebes woonden: evengoed tegen het broedervolk de Boeginezen als tegen Toradja's, Soendanezen. Ambonezen, de prominent aanwezige Chinezen (in Makassar woonden 16 000 Chinezen op een bevolking van 80 000), Europeanen (4000) en Javanen, die ze even hooghartig en autoritair vonden als de Nederlanders. Het was alsof ze sinds de komst van de islam dachten: oké, één keer is voldoende geweest, en nu doen we de deur weer dicht voor vreemde invloeden. Boeginezen waren toleranter, opener, wereldwijzer. Op hun driemasters bevoeren zij alle zeeën van Azië en deden alle havens van China en Indochina aan, zij wisten dat je niet sektarisch moest zijn als je handeldreef. In hun thuishaven hadden zij echter altijd te lijden gehad van de Makassaren, die zich door niemand de les lieten lezen en ware meesters waren in de smokkel van specerijen – het goud van destijds.

'Je zou denken,' schreef Olga aan haar zus, 'dat professor Cense het truttig zou vinden dat ik een soort naaikransje ben begonnen, maar hij vindt het juist een prachtkans. Sterker nog, hij doet alsof ik op een schitterend idee ben gekomen. Hij zegt dat hij veel te weinig contact met Makassaarse vrouwen heeft en hen veel te weinig hoort praten. Op zijn verzoek heb ik een schriftje aangelegd waarin ik huis-, tuin- en keukentermen noteer. Zo iemand is hij nu, nooit neerbuigend, altijd weetgraag.'

Pfaff had een vertegenwoordiging op Celebes en van de agent kon Olga een paar naaimachines lenen, trapnaaimachines die ingeruild waren voor elektrische en toch nergens meer toe dienden, en moderne, want de agent begreep heel goed dat de vrouwen er zelf een zouden willen kopen als ze eenmaal aan zo'n nieuwerwets ding waren gewend. De machines kwamen op de achtergalerij van het huis aan de Marosweg te staan. Het duurde een paar maanden voor vijf, zes vrouwen regelmatig deelnamen aan de naailes, het werden er toen algauw veel meer, en op foto's zie ik dat ze jonger werden, pasgetrouwde vrouwen van rond de twintig, of misschien nog wel jonger. Uiteindelijk zou Olga aan vier groepen naailes geven, van beginners tot bijna professionele naaisters, iedere dag een groep, met uitzondering van vrijdag, de gebedsdag voor moslims, of zoals Olga schrijft: 'De dag waarop Adam geschapen werd, de dag waarop hij in het Paradijs werd toegelaten en de dag waarop hij het Paradijs moest verlaten. Vandaar het vrijdaggebed.' Ze begon ook al aardig thuis te raken in de Koran.

Olga legde een lijst aan met woorden die ze opving en niet kende, en Cense riep haar toe: 'Nu kan ik van jóú leren.' De vrouwen bleken een heel scala aan woorden en uitdrukkingen te hebben voor doodgewone kwalen en ziektetjes. Olga noteerde ze trouw. 'Weer een voor het woordenboek,' riep de professor verheugd uit wanneer ze uit haar schriftje voorlas. Het was zijn vurige wens een Makassaars-Nederlands woordenboek samen te stellen, een wens die pas lang na de oorlog in vervulling zou gaan.

Hoeveel van de door Olga verzamelde woorden uiteindelijk in dat woordenboek zijn terechtgekomen, valt niet meer te achterhalen. De meeste van Censes aantekeningen gingen in 1942 verloren. Japanse militairen drongen zijn huis binnen en staken alle boeken en paperassen in brand. Hetzelfde zouden ze met de kaartenbakken en de bibliotheek van mijn vader doen. Het jarenlange werk aan Hans dissertatie ging in vlammen op. Het zou *De ziener in de Oosterse godsdiensten* heten.

Na enige tijd nodigde Olga de vrouwen op donderdagavond uit om, als ze dat wilden, met hun man de maaltijd te komen gebruiken. Ook die wekelijkse maaltijd begon schoorvoetend. Na twee, drie keer vroegen de vrouwen of het andersom kon: of mevrouw en toean niet bij hen thuis wilden komen. Olga begreep algauw waarom: bij haar op tafel verschenen te weinig gerechten. 'Gisteravond weer bij de Makassaren geweest,' schreef ze aan haar zus. 'O, o, o, wat moeten we daar toch veel eten. Het houdt niet op en als je weigert, vinden ze je echt verschrikkelijk onbeleefd. Je kunt nog beter naar buiten lopen en overgeven dan een gerecht weigeren. Han is hier bier gaan drinken, je krijgt hier verschrikkelijke dorst van alle pedis.'

De maaltijden werden algauw traditie en ook voor de grote feestmaaltijden, als tijdens het Suikerfeest, werden Han en Olga uitgenodigd. De Makassaarse vrouwen 'voelen de sterke wens te seculariseren', schreef ze in dezelfde brief. Ik begreep niet wat ze daar precies mee bedoelde. Tot ik in het fotoarchief van het Koninklijk Instituut voor de Tropen een collectie aantrof waarin het dagelijks leven in Makassar was vastgelegd gedurende de eerste helft van de 20ste eeuw. Zelfs in 1946 liepen nog Makassaarse vrouwen met hooguit een stukje gaas op het blote bovenlijf over straat. Het gaas beschermde slechts tegen muskieten. De mannen daarentegen gingen volledig in het wit gekleed, met een brede sjerp over de schouder en een *peci* op het hoofd, het zwarte fluwelen hoofddeksel van Indische mohammedanen. Alleen tijdens officiële gelegenheden droegen de vrouwen traditionele kledij, de *baju bodo*. Hun alledaagse kleding was echter schaars en een stuk armoediger dan die van hun man. De vrouwen wilden dat onderscheid kennelijk opheffen en namen naailes bij een christelijke dame in de blanke wijk. Met 'geseculariseerd' bedoelden ze dat ze voortaan gekleed over straat zouden gaan. Ze wilden bij de tijd zijn, modern, hedendaags, en wereldlijk.

Achter de schijn van onderdanigheid trof Olga 'echte doorzetters' aan. Ze vroeg zich af hoe hun mannen zouden reageren. De polygamie stond iedere wezenlijke verandering in de weg. Het recht om er meerdere vrouwen op na te houden gold al vóór de komst van de islam, zij het onder welgestelde Makassaren. Maatstaf was steeds of de man financieel in staat was meerdere vrouwen te onderhouden. Voor Makassaren gold bovendien dat ze voor iedere vrouw een aparte woning moesten laten bouwen en inrichten. In de loop der eeuwen breidde de polygamie zich wel uit tot de hogere middenklasse, maar ik heb de indruk dat de cursisten van Olga vooral uit de lagere middenklasse kwamen. Op foto's droegen de jongsten onder hen een rok tot over de knie en een druk bewerkte blouse van zijde of katoen. Ook hun kapsel was nogal modern. Geen van hen droeg een sluier. Bij de traditionele kledij hoorde een hoge diadeem als versiering in het haar, maar die verborg het kapsel en het voorhoofd niet.

Olga vond het eigenlijk best prettig om ter afwisseling 'praktisch werk' te verrichten. 'Dat studeren steeds valt niet mee, hoor,' schreef ze aan haar zus. 'Makassaars wordt erg taai op den duur. Ik zal niet zeggen dat ik zingend achter de naaimachine zit maar ik hoef mijn hersens in ieder geval niet te pijnigen.'

Orgel spelen rekende ze evenzeer onder haar praktische taken. Ze oefende iedere dag op het orgel van het Witte Kerkje aan Gouverneurlaan, hoek Hooge Pad. 'Het is pas helemaal uit elkaar gehaald, de trappers deden 't zo slecht, en toen bleek dat de blaasbalg lek was.'

Het kostte haar veel moeite te improviseren, iets wat ze op de piano trouwens ook niet kon. 'Ik ga heus vooruit met spelen, alleen jammer dat ik geen sikkepitje muzikaal ben. Als er het collecteren in de kerk langer duurt dan normaal, moet ik doorspelen, en dan moet ik altijd muziek voor me hebben. Ik kan gewoon niet zomaar wat spelen, ik heb het thuis wel geprobeerd, maar het wordt niets.'

Op verzoek van een violiste verzorgde ze een aantal concerten tijdens de passietijd. Olga begeleidde haar op het orgel en samen voerden ze twee van de vier vioolsonates van Johann Sebastian Bach uit. Een hele toer omdat de viool door de hoge vochtigheidsgraad in het Witte Kerkje constant ontstemd raakte. 'Het klonk toch best aardig,' vond Olga, 'en Bach kan tegen een stootje.'

Via haar probeerde professor Cense meer aan de weet te komen over de Makassaarse en Boeginese muziek. Bijvoorbeeld over de liederen die tijdens traditionele feesten werden gezongen. Of over de dansen – leken die op de Oost-Javaanse of de Balinese? De *pakarena* bijvoorbeeld, die tijdens de begroetingsrituelen door twee tot acht vrouwen werd uitgevoerd, een hoofse dans, oorspronkelijk voor adellijke jonge dames, op muziek van een *puik-puik* of een *puwi-puwi*, een conisch dubbelrietinstrument, qua vorm een klarinet, qua geluid een trompet, een prachtig instrument trouwens, gemaakt van slanke, geneste bamboebuizen; plus een gong en een *dholak*, een tweevellige trom waarop aan beide kanten wordt geslagen. Cense vroeg haar of ze 'niet wat noten en teksten' kon noteren die ze opving. Bij Bakkers, de bestuursambtenaar die als eerste de leefgewoontes in de binnenlanden van Celebes had beschreven, was hij uitvoerige beschrijvingen van de feesten aan het hof van Watampone tegengekomen, hanengevechten, dobbelpartijen, ceremonies, banketten, opiumschuiven (een gewoonte die de Chinezen hadden geïntroduceerd), en altijd klonk muziek, 'niet weinig vervelende tonen van instrumenten', aldus Bakkers, 'een oorverdovend lawaai'. Was dat blanke vooringenomenheid geweest, of klonk het werkelijk nergens naar? Dat wilde Cense weten. Bij Bakkers was hij ook tegengekomen dat de *bissoes,* inlandse priesters die weliswaar islamitisch waren en de imam assisteerden maar evenzeer in de traditie stonden van 'heidense Boeginese priesters', dansen uitvoerden in vrouwenkleren en daarbij op hoge snerpende toon zongen, met vuurrood geverfde lippen, en ja, dat had hem doen denken aan de castraten die in de 17de en 18de eeuw barokopera's uitvoerden.

Olga moest hem teleurstellen. 'Han en ik worden op bruiloften uitgenodigd, maar dan toch vooral tijdens het officiële gedeelte, niet tijdens de dagenlange maaltijden en feesten die erop volgen. Ik heb ook de indruk dat de islam de muziek hier verdrongen heeft. Java is natuurlijk ook geïslamiseerd, maar je hoort daar overal de oorspronkelijk Hindoestaanse tempelmuziek bij de tempeldansen. Hier is dat niet zo. Ten minste, in Makassar en op Saleier. Misschien is het anders bij de Boeginezen, die hebben nog een echte hofcultuur. Ik ga binnenkort met Han naar Soppeng en naar Bone, misschien zal ik daar wel meer horen.'

Ze schreef er verder niet over. Evenmin over dat eerste verblijf in Watampone aan de Golf van Bone, op Midden-Celebes. Wel constateert ze: 'De Oosterse ziel voelt alles anders aan. Waar wij stil zijn, maakt hij herrie; waar wij om lachen, maakt hen stil.'

14

Olga kon zich inmiddels in het Boeginees redden toen ze in september 1936 met Han naar Saleier vertrok. Op het eiland werd Makassaars gesproken, ofschoon het Boeginees de voorkeur genoot van de bevolking, die hoofdzakelijk uit vissers bestond. In het Boeginees kun je een kwart woordenboek vullen met termen die te maken hebben met varen, schepen, aflandige of aanlandige winden en alle soorten stromingen in de zee.

Han's onderzoek naar de islamitische bekeringsbeweging op Saleier kreeg vorm, hij kon het goed met hun voorman vinden, met La Galiti, de adatleider van het eiland, een invloedrijk en alom gezien man, die nauwe banden onderhield met zowel de aroes van Zuid-Celebes als met genezers, wonderdoeners, rovershoofdmannen en rebellen, wat hem in de ogen van Olga ook wel een tikkeltje dubieus maakte, maar die indruk deelde ze niet met Han.

Volgens Olga was La Galiti op Han gesteld omdat hij zich goed kleedde en het nooit in zijn hoofd haalde om ergens ongeschoren te verschijnen. La Galiti en zijn volgelingen droegen witte kleren, Han ook, een wit overhemd, een witte broek, maar wat La Galiti beviel was dat het een wit overhemd met lange mouwen was en glinsterende manchetknopen en dat Han ook op het heetst van de dag een stropdas van Makassaarse zijde bleef dragen. Bij de wat plechtiger bezoeken, toen bijvoorbeeld de vierde school op het eiland werd geopend, droeg hij een pak, een lichtgewicht kostuum met brede revers. 'Je goed kleden als je bij iemand op bezoek gaat,' schreef Olga, 'wordt hier gezien als een teken van respect en bij Makassaren en Boeginezen draait alles om de *siri*: je fatsoen houden.'

Han leerde dat trouwens niet in Indië, als student in Leiden zag hij er al onberispelijk uit. In de jaren dertig, karige, miserabele jaren, met hoge werkloosheid, ingenieurs als conducteur op de tram, sociale wantoestanden, morsigheid, hijsen tot – zoals de uitdrukking toen luidde – je hoed op half-zeven stond, was het demonstratief om je goed te kleden en je haar en nagels te verzorgen. Je gaf dan aan dat je voorbijging aan de crisis en het volste vertrouwen in de toekomst hield. Vooral onder jonge intellectuelen was het een rage; ook Chiel zag er altijd piekfijn uit en had iets van een dandy.

Han noteerde in een rapport over de Saleiers: 'Het aantal aanvragen om Christen te worden is vrij groot, de moeilijkheid is om te onderscheiden of het om een nieuwe *agama* (godsdienst) of een nieuwe broek of hemd te doen is. De armoede is groot...' Hij kleedde zich niet alleen goed, hij wist ook te relativeren.

La Galiti kwam uit een bekende familie van het eiland. Hij was op jeugdige leeftijd naar Makassar gezonden en ofschoon hij mohammedaans was opgevoed, had hij enkele jaren onderwijs genoten op een christelijke school. Terug op

Saleier was hij bijna vanzelf de leider geworden tot wie de eilanders zich richtten; hij kon lezen en schrijven en namens de vissers schriftelijke verzoeken indienen bij de assistent-resident of het plaatselijk gerecht. Hij was het ook geweest die het initiatief had genomen tot de bedevaart naar Mekka.

Met hoeveel pelgrims hij aan het begin van de jaren dertig op een wrakke schuit naar Djedda was gevaren, kan ik niet meer achterhalen. In de aantekeningen die ik van de interviews met mijn vader maakte, staat op de ene pagina 'meer dan honderd', op de andere 'honderden'. Ze hadden dicht opeengepakt in de broeierige ruimen geslapen, ze hadden in dezelfde ruimen vis en kip geroosterd, gegeten, en hun behoeften gedaan. Tijdens de tweede week, op de Indische Oceaan, was er dysenterie uitgebroken, die vooral onder de ouderen slachtoffers had gemaakt. Dat was de eerste tegenspoed geweest.

Toen volgde de teleurstelling van Mekka. Het geld werd de pelgrims uit de zakken geklopt, sommige moesten hun dochters aan de bordelen van Djedda verkopen om niet van de honger om te komen. In een tumultueus gedrang raakten ze de steen van Mekka aan, een enkeling werd onder de voet gelopen en brak zijn nek. Eenmaal buiten de pelgrimsstad sloegen gewapende rovers toe. Voor deze bedevaartstocht hadden de vrome vissers van Saleier hun hele leven gespaard.

Op de terugweg kwam het schip in noodweer terecht, zeker tien pelgrims sloegen overboord. Door de grondzeeën kraakte het staal als hout, het water daverde de ruimen binnen en bliksemschichten schoten door de lucht. Op dat moment stond La Galiti op en hield de pelgrims voor dat ze gedwaald hadden. Hun profeet heette niet Mohammed maar

Jezus Christus en als ze samen zouden bidden, zou hij een teken geven. Ze baden tot hem, en de volgende dag was de zee niet alleen spiegelglad maar leek er zelfs geen enkele deining meer in te zitten. Eenmaal thuis gaven ze het kerkbestuur van Zuid-Celebes te kennen tot christen gedoopt te willen worden en een kerk te willen stichten in Benteng, de hoofdstad van Saleier.

De beweging had het effect van een olievlek op het water. Talloze vissers sloten zich erbij aan. Algauw kon La Galiti op een kleine duizend aanhangers rekenen. Mannen, opvallend veel vrouwen, en kinderen die al rond de tien waren en toch graag naar een van de haastig opgerichte scholen wilden gaan. Je bekeren begon op Saleier gelijk te staan aan je ontwikkelen en je levensomstandigheden verbeteren. De vier scholen hadden al snel honderdzestig leerlingen, alle onderwijzers kwamen uit Makassar en waren opgeleid aan de door Matthes opgerichte kweekschool.

La Galiti wees een terrein aan waar de kerk moest komen: pal aan zee, om de bekeerlingen er telkens weer aan te herinneren waar en onder welke omstandigheden ze tot het ware geloof waren gekomen. Naast de kerk zou het huis verrijzen van de voorganger, de predikant. Olga vond de plek dicht bij zee schitterend, ze bedankte La Galiti er met een omhaal van woorden voor, in haar beste Boeginees. Hij bood haar alle denkbare hulp aan. 'Na iedere zin nijgt hij een weinig het hoofd. Het is niet buigen en evenmin knikken, zijn hoofd maakt een lichte curve naar beneden en rijst dan weer op, als een golf uit de branding. Het duurt lang voor hij concreet wordt, en dan zegt hij opeens dat ik met die of die moet praten of dat hij zal aandringen op de laagste prijs.'

Toch lijkt ze La Galiti niet helemaal te vertrouwen en houdt ze hem misschien zelfs wel voor een charlatan. Niet dat ze dat met zoveel woorden toegeeft, maar ik krijg toch het gevoel dat onder haar woorden een zekere achterdocht schuilgaat. Ze laat daarvan niets aan Han blijken, La Galiti is niet alleen zijn contactpersoon maar ook de ziener naar wie hij onderzoek doet en van wie hij iets hoopt te leren over de oosterse benadering van geloof. Ze wil hem niet voor de voeten lopen met een uitgesproken mening of afkeuring.

In een brief aan Nora laat ze haar licht schijnen op een voormalig buurmeisje in Oegstgeest dat op het punt staat te trouwen: 'Ze is veel te knap en overtroeft iedereen met haar kennis en inzichten. Dat zal haar man niet lang kunnen verdragen.' Als Nora een brief later schrijft dat het huwelijk op de valreep is afgeblazen, reageert ze met: 'Zie je wel!'

Van een hoge eigendunk lijkt Han geen last te hebben en hij vreest absoluut niet dat Olga hem de loef afsteekt. Wel slaat af en toe de twijfel bij hem toe en vermoedt hij dat Olga hem veel zelfverzekerder en krachtiger wil zien dan hij is. Hij raakt niet alleen onder de indruk van La Galiti, hij wordt zo bescheiden over zijn eigen rol in Indië dat hij zich afvraagt aan welke missie hij is begonnen.

'Ik heb het voorrecht in te zien,' schrijft hij aan Chiel, 'dat mijn geloof armzalig is vergeleken bij wat Mohammedanen aan geloof bezitten. Telkens voel ik me als iemand die niets aan te bieden heeft. En ik wil heel eerlijk zijn, vaak heb ik momenten van spijt dat ik deze weg betrad.'

Van zulke wankelmoedigheid wil Olga niets weten, ofschoon ze in geen van haar brieven blijk geeft van geloofsijver of enig piëtisme. Geloof heeft voor Olga het vanzelfsprekende waarmee een Rus een icoon kust. Niet over nadenken, doen. Terwijl Han de indruk wekt dat hij zijn geloof telkens weer moet bevechten. Olga is ook nog eens het type van: wie a zegt moet ook b zeggen. En: we zetten onze schouders eronder, verder niet zeuren. In dat opzicht lijkt ze op haar nuchtere Noord-Hollandse moeder.

Overigens, ik ben nooit trots geweest op mijn vader, maar deze zin neemt me toch wel erg voor hem in: 'Ik heb het voorrecht in te zien dat mijn geloof armzalig is vergeleken bij wat Mohammedanen aan geloof bezitten.' En: 'Telkens voel ik me als iemand die niets aan te bieden heeft.' La Galiti mocht zichzelf dan als apostel beschouwen, Han zeker niet. Eerst maar eens afwachten of ze een nieuwe broek of een nieuw geloof willen – als je zo naar de dingen kijkt raak je niet gauw teleurgesteld.

Olga trof tijdens haar eerste langdurige bezoek aan Saleier een paar voorbereidingen voor de verhuizing: Han en zij zouden zich nog voor het einde van het jaar op het eiland vestigen. Olga overlegde met aannemers en timmerlieden, gaf haar wensen op voor de grootte en de indeling van de kamers en liet een bouwtekening en een begroting maken. Ik vermoed dat Han erbij stond, af en toe knikte, misschien iets opmerkte in het Makassaars, maar Olga voerde de onderhandelingen, in het Boeginees.

Terug in Makassar schrijft ze aan haar zus: 'De tekening en de begroting van ons huis zijn klaar, maar de begroting valt tegen, zodat we nog een beetje aan het beknibbelen moeten. Als er een antwoord van het kerkbestuur komt gaan we beginnen met bouwen. Zo gauw als 't definitief is zal ik een plattegrond van ons huis sturen. Het wordt geheel van hout maar wel met een dak van dunne leisteen pannen – dat isoleert beter dan een plaatijzeren dak. De ligging is grandioos; ik vrees dat Han nooit meer ergens anders zal willen wonen, je weet hoe dol hij is op de zee.'

Zo zou het niet gaan. Het kerkbestuur onthield haar goedkeuring aan het ontwerp van het huis, zonder zich uit te laten over het kerkgebouw. Te duur, was het argument, maar algauw bleek dat ze de invloed van La Galiti op Han vreesden. In hun ogen was La Galiti louter een rebel. Terwijl Han de man steeds raadselachtiger en intrigerender begon te vinden, achtte het kerkbestuur hem steeds onbetrouwbaarder.

De wijze waarop La Galiti de Bijbel las was dezelfde als die waarop islamitische voorgangers de Koran reciteerden; hij werd dan ook met kadi aangesproken (islamitische rechter), met *chatib* (islamitische voorganger in gebed) of *kyai* (islamitische religieuze leider op Java). Het geloof in wonderen, mythen en magie kon hij perfect rijmen met de christelijke wonderen, bij het avondmaal was immers ook sprake van brood dat geen brood was en wijn dat het bloed van Jezus symboliseerde. De doop leek hem ongeveer hetzelfde als de wijze waarop de *sanro* (traditionele priester, vergelijkbaar met een sjamaan) zieken genas. Het kerstfeest viel nauwelijks te onderscheiden van de verering van de heilige boom, een jaarlijks terugkerende ceremonie op de heuvels van het oostelijke deel van Saleier.

Hoe ze dat allemaal wisten in Makassar? Uit rapporten van Han. Dat maakte hem razend. Ze profiteerden van zijn werk door een kerk te stichten zodat ze naar de Zendingsraad konden schrijven dat er weer x honderd zieltjes waren gewonnen, maar ze gaven hem niet de mogelijkheid de contacten met La Galiti te verstevigen en vorm te geven. De onenigheid eindigde op zijn Hollands: met een commissie die alles nog eens moest bekijken.

'De Makassaren zeggen het duidelijker,' schrijft Olga aan haar zus, 'die zeggen dat de grootste problemen het snelste wegzakken in het moeras.' Van die commissie verwachtte ze niets, en ze kreeg gelijk, niemand zou ook maar een blik op de bouwtekeningen werpen en niemand wilde onderzoeken of het huis goedkoper kon. Met de bouw van de kerk werd echter wel begonnen.

De kerk, zie ik op internet, kwam in 1938 gereed, heeft de oorlog doorstaan, de onafhankelijkheidsstrijd, de Federale en de Centrale Republik Indonesia, twee orkanen en één tsunami. Hij staat er nog steeds. Op de wand achter het altaar loopt Jezus in de vurigste kleuren over het water. Ik neem aan dat het fresco lang na de oorlog is geschilderd, ongetwijfeld in opdracht van La Galiti. Mijn vader vertelde me dat hij geen Bijbels beeld mooier vond dan dat van Jezus die in het licht van de maan over het water van het Meer van Galilea loopt. De discipelen denken dat ze een geestverschijning zien en schreeuwen het uit. Jezus stelt ze gerust en zegt: 'Rustig maar! Ik ben het, wees niet bang.'

Toen de plannen voor vestiging op Saleier op de lange baan werden geschoven, betrokken Han en Olga een huis aan de Marosweg, op nummer 67, even buiten het centrum van Makassar. Een niet al te groot huis met een gaanderij aan de voor- en de achterzijde, met een smalle voortuin en een diepe achtertuin. Olga nam een Makassaarse tuinman in dienst die zich weliswaar bekeerd had tot het christendom en de naam Markus had aangenomen maar die zo Makassaars was gebleven als de sultan van Gowa. Een oude, beminnelijke man die het goed kon vinden met de kok Petrus en de chauffeur, die tevens nachtwaker en klusjesman was en eveneens een Bijbelse naam droeg: Paulus. Han vond die namen iets uit de tijd van Livingstone.

Terugdenkend aan de pracht van Buitenzorg nam Olga met Markus de tuin onder handen, dat wil zeggen: zij gaf de aanwijzingen en hij voerde haar plannen uit. Er moesten een paar mooie struiken met bloemen in de tuin komen, iets als bougainville en van die prachtig hangende heliconia met bloemen als roze vingers, en natuurlijk ook witte frangipane want die roken zo heerlijk. Een palm en nog een enkele boom. 'Als het maar geen tamarinde is,' zei Markus, 'die geeft te veel vuil.' Hij raadde een magnolia aan, zo'n beetje de nationale boom van Celebes, die groot kon worden en witte bloemen gaf in de vorm van een propeller. Aan de rand van de tuin wilde Olga een bamboehaag, dat was mooier dan een hek.

Een tuin kun je snel inrichten in de tropen, alles groeit vier keer zo snel als in Europa. Voor haar vijfentwintigste verjaardag, op 4 juni 1937, liet Olga zich buiten fotograferen. Ze zit in een feestelijke jurk te midden van de boeketten en de manden met jasmijn die de Makassaarse vrouwen van de naailes haar geschonken hebben, tegen het prachtige decor van de tuin. Het is een van de weinige foto's die ze in Makassar heeft laten vergroten en die waarschijnlijk jaren op haar secretaire heeft gestaan. In het midden, ter hoogte van haar gezicht, is de foto beschadigd. Waarschijnlijk heeft ze hem van het meubel gegrist toen Japanse soldaten haar oppakten en in de laadbak van een vrachtauto duwden en heeft ze de foto weggestopt in het leren tasje dat ze meenam in het kamp. Om af en toe nog eens naar de tuin achter haar huis te kijken, de tuin zoals die was in vredestijd.

De andere foto die ze meenam had ze al eerder in het zwarte tasje gestopt waarin verder het trouwboekje en haar paspoort zaten. Een foto van Han, achter zijn bureau, in een behaaglijke studeerkamer die met batiks is behangen. Hij schrijft en kijkt van het papier op met een twinkeling in de ogen.

15

Godowsky schreef 'Gamelan' in Berlijn, 'Borobudur in Moonlight' in New York, 'In the Streets of Old Batavia' in Evanston, Illinois, en 'The Gardens of Buitenzorg' in Chicago. Niet één van de veertien stukken uit de *Java Suite* componeerde hij op Java. Hij voorzag de partituur van een inleiding, gaf precieze aanwijzingen voor pedaalgebruik om de piano zo veel mogelijk als een gamelan te laten klinken en publiceerde het complete werk in mei 1925 bij muziekuitgever Carl Fischer in New York.

Om de uitvoerder in de juiste stemming te brengen gaf hij ieder stuk een korte kenschets mee. Bij 'De tuinen van Buitenzorg' schreef hij: 'De heftig geurende lucht wekt een onuitsprekelijk diep en pijnlijk verlangen op naar onbekende werelden, ontoegankelijke idealen, gebeurtenissen in het verleden die onherroepelijk verdwenen zijn, herinneringen die de oceaan van tijd geleidelijk aan onderdompelt en uiteindelijk in vergetelheid begraaft. Waarom veroorzaken bepaalde aroma's onuitsprekelijke spijt, onverzadigbare wensen, ondefinieerbare verlangens?'

Ik herken wat Godowsky aanstipt – 'gebeurtenissen in het

verleden die onherroepelijk verdwenen zijn', 'herinneringen die de oceaan van tijd geleidelijk aan onderdompelt' – ofschoon ik me afvraag of een pianist er veel aan heeft. Wellicht deed de heftig geurende lucht het hoofd van Godowsky een beetje op hol slaan.

Hij benadrukt in zijn begeleidende tekst dat hij opmerkelijk vaak 'pp' in de partituur heeft geschreven, *pianissimo*, 'zeer zacht', om te voorkomen dat de *Java Suite* als een bravourestuk gebracht zou worden. Als alle werken van Godowsky is het virtuoos maar hij wil het toch in de eerste plaats als een muzikale reisimpressie laten klinken, als een bepaalde stemming die de luisteraar meevoert en bedwelmt.

Voorafgaand aan 'De tuinen van Buitenzorg' nam Godowsky drie dansen in de *Java Suite* op. De eerste behoorde 'de loomheid en weemoed van het Verre Oosten' uit te drukken, de tweede 'de gratie en de bevalligheid van de oosterse dansers', de derde 'hun poëzie en tederheid'. Een beetje voor de hand liggend, die verklarende teksten, maar gelukkig hoor je dat in de muziek niet terug.

In het eerste stuk, 'Gamelan', zoekt hij naar de uitersten die je met een slaginstrument kunt bereiken en laat hij de muziek in golven komen, net zoals een gamelanorkest dat doet. Het is echt een tour de force zoals hij dat op de piano bereikt; in drie minuten vallen de grenzen weg en ben je in het hart van Java. In het tweede, 'Wayang Purwa', weet hij precies de houterige bewegingen van de wajangpoppen weer te geven. In het derde en vierde stuk, 'Hari Besaar' en 'Twistende aapjes bij het Heilige Wendit Meer', beide druk en levendig, werkt hij de gamelanritmes verder uit. Echt mysterieus wordt het in het vijfde stuk, 'Borobudur bij maanlicht'.

De Borobudur was tijdens het bezoek van Godowsky nog veel meer een ruïne dan toen Olga de terrassen van het tempelcomplex twaalf jaar later beklauterde, maar de componist zag de stoepa's, de klokvormige heiligdommen die de relieken van boeddhistische heiligen bewaren, onder het maanlicht, en dat inspireerde hem tot geheimzinnige klanken, alsof er heel zacht tegen de binnenkant van de klokken wordt getikt en ze donker nagalmen.

De *Java Suite* beschouwde Godowsky als het begin van een serie muziekstukken die hij geïnspireerd door zijn reizen zou schrijven. Hij had er een Latijnse term voor bedacht, 'Phonoramas', zeg maar: panorama's voor het oor. De volledige titel van de *Java Suite* luidt dan ook *'Phonoramas' – Tonal Journeys for the Pianoforte – Java Suite*. Na Java zou een Russische suite volgen, een Spaanse, een Marokkaanse, een Turkse en een Joodse suite, 'zo'n beetje als de *Hongaarse Rapsodieën* van Liszt', schreef hij aan een vriend. De invloed van Liszt is onmiskenbaar, maar dan meer van diens *Années de Pèlerinage* (Jaren van Bedevaart).

De reis als muzikale inspiratiebron was een van de idealen van de Europese hoogromantiek en begon met *Winterreise* van Franz Schubert. Voor romantici was de reis een vorm van mentale loutering met een sterk reinigend effect op lichaam en geest. Als het goed was, kwam je herboren van een reis terug. Een reis naar het Verre Oosten versterkte deze effecten en gold als een duik in een mystieke en spirituele wereld. Je zou Godowsky de voorloper van George Harrison kunnen noemen, de avontuurlijkste van The Beatles, die zijn heil in India zocht en in sitarvirtuoos Ravi Shankar zijn voorbeeld vond, zo'n beetje als Godowsky in Paul Seelig.

Ik hoor ook een echo van Saint-Saëns in de *Java Suite*, met name van diens *Vijfde Pianoconcert*, dat de bijnaam 'Het Egyptische' kreeg. Een curieus concert uit 1896, vol oriëntaalse en sensuele verlangens, waarvan het middendeel is ingegeven door een Nubisch lied dat Saint-Saëns de bootsmannen op de Nijl had horen zingen. De andere delen van dat *Vijfde Pianoconcert* zijn een mengelmoesje van impressies die de gulzig reizende componist tijdens zijn omzwervingen opdeed – Algerijns, Indiaas, Sri Lankaans, Indochinees, Japans. De jonge Godowsky heeft duidelijk meer van Saint-Saëns opgestoken dan hij als volwassene wilde toegeven, of misschien is het beter te zeggen dat Saint-Saëns hem ontvankelijk heeft gemaakt voor uitheemse muzikale invloeden. Ook Saint-Saëns zag de reis als een mentale reiniging en als een manier om verdriet te verwerken.

Na voltooiing van zijn *Java Suite* overwoog Godowsky nog iets met zijn in Japan en China opgedane impressies te doen, maar het is er niet van gekomen. Toen Godowsky in 1930 de *Nocturnes* van Chopin aan het opnemen was, werd hij getroffen door een beroerte die hem aan de rechterzijde bijna geheel verlamde, zijn geheugen goeddeels uitschakelde en een einde maakte aan zijn loopbaan als pianist en componist. Hij kon niet meer optreden en evenmin nog grammofoonplaten opnemen. Slechts één keer maakte hij een uitzondering en liet hij bij hem thuis een opname maken van 'De tuinen van Buitenzorg'.

Acht jaar later overleed Godowsky, op 21 november 1938, op achtenzestigjarige leeftijd in New York. Hij was toen al een verre herinnering geworden. In de necrologieën stelden de journalisten alleen nog de vraag of hij de miljoen dollar had kunnen opstrijken waarvoor hij zijn handen in de jaren twintig had verzekerd. Een exorbitant bedrag, vonden ze in die tijd.

Ik weet niet of mijn moeder het bestaan van de *Java Suite* kende en of ze het complete stuk van vijftig minuten ooit heeft horen uitvoeren. Ik kan me ook niet herinneren of ze enkele delen uit de suite zelf heeft gespeeld. Eenmaal terug in Nederland viel ze op het repertoire terug dat ze als meisje had ingestudeerd, veel Bach dus, veel Mozart en bovenal veel Schubert. Als ze zich aan Debussy waagde, speelde ze liever de *Ballade slave* dan de 'Pagodes'. Als ze heimwee had naar de tropen, dan was dat toch slechts naar een bepaalde periode; aan veel wilde ze niet herinnerd worden – al begreep ik pas lang na haar dood waarom.

Toen hij nog gezond was, gaf Godowsky regelmatig 'Gamelan' en 'De tuinen van Buitenzorg' als toegift bij een recital. Ik heb nergens kunnen vinden of hij het gehele werk, alle veertien stukken dus, tijdens een concert heeft uitgevoerd. Wel maakte hij in 1935 thuis de grammofoonopname van 'The Gardens of Buitenzorg', die te beluisteren is op YouTube en ondanks de ruis laat horen hoe prachtig subtiel hij de mysterieuze sfeer van de tropische plantentuin oproept. Midden in het stuk laat hij de klank zwellen alsof hij de duizenden vogels hoort die op de takken van de kanariebomen zijn neergestreken, dan weer murmelen de noten als het geritsel van de bladeren.

Kort voor de fatale beroerte gaf Godowsky in 1930 een aantal concerten in Nederland. Een uitgelezen moment om de hele *Java Suite* uit te voeren, zou je zeggen. Hij was bijzonder tevreden over het Nederlandse publiek en de Nederlandse pers, die zijn muzikaliteit prezen en niet in de eerste plaats zijn virtuositeit, maar hij beperkte zich tot Chopin en Beethoven en liet als toegift een bewerking van Liszt horen, een hondsmoeilijk stuk, en niet het subtiele 'Gamelan' of 'In de straten van Oud Batavia'. Misschien vreesde hij het oordeel van die ene kenner van Javaanse muziek die in de zaal zou zitten.

Godowski zal zeker een exemplaar van de partituur van de *Java Suite* naar Paul Seelig in Bandoeng hebben gestuurd, maar of die er iets mee gedaan heeft, blijft de vraag. Seelig trad in de jaren dertig zelden meer als solist op, dirigeerde hoofdzakelijk of verkocht bladmuziek. Wel ontving hij regelmatig buitenlandse musici die op tournee waren op Java en bij hem in de winkel kwamen repeteren, onder wie de pianiste Lili Kraus. Het gesprek moet ongetwijfeld een keer op de *Java Suite* zijn gekomen, dat uitvoerige en bijzonder positieve kritieken in de Verenigde Staten had gekregen en dat in Europa door zowel Ravel als Béla Bartók was opgemerkt. Of was Seelig boos dat Godowsky met zijn kennis en ideeën aan de haal was gegaan? Hij begon in die jaren te lijden onder een gebrek aan erkenning en terecht.

Heeft iemand het werk uitgevoerd in Bandoeng, Batavia of Makassar? Käthe Haasse-Diehm Winzenhöler misschien? Ik denk het haast niet. De Amerikaanse *Musical Courier* waarschuwde in 1928 dat het werk 'beslist niet bestemd is voor een amateur, maar voor een ervaren beroepspianist, om niet te zeggen voor een concertvirtuoos'. En zo ongelooflijk virtuoos was de moeder van Hella Haasse niet, om nog maar te zwijgen van mijn moeder. Ik denk dat ze alleen 'Gamelan',

'Borobudur bij maanlicht' en 'De tuinen van Buitenzorg' had kunnen uitvoeren, en de laatste met moeite.

Ze las alle boeken van Hella Haasse, maar dat de moeder van Haasse concertpianist in Indië was geweest, hoorde ik uit de mond van de schrijfster, niet van mijn moeder. Ook over Paul Seelig heeft ze me nooit iets gezegd omdat ze waarschijnlijk, tenminste, dat dacht ik lange tijd, nooit van de man had gehoord.

16

De omslag in Olga's Indische leven kwam medio 1937. Het hele voorgaande jaar was voor haar een aaneenschakeling van geluksmomenten geweest, ze kneep zich soms in de arm om zich af te vragen of ze hier onder de tamarindes leefde of in het een of andere walhalla.

Tussen haar brieven trof ik er een van mijn vader aan. Op 14 juli 1936 schrijft hij: 'Zijn we eenzaam? Hebben we heimwee? Niets van dit alles. We hebben nog geen moment heimwee gehad. Goed, we verlangen wel eens naar de lente. Dat echte ontwaken in de natuur. Hier is alles groen en blijft alles groen. Maar ja, er zal wel geen tijd of plekje komen waar je vertoeven zal zonder verlangen. Verlangen is iets anders dan heimwee.'

Hij heeft geen heimwee omdat hij altijd kan terugvallen op het huisclijk leven. 'Als ik bijvoorbeeld aan afgelopen zaterdagavond denk: mieters in één woord. Ik zei tegen Olga: ik hoop maar dat er geen mensen komen. En inderdaad, we zijn samen gebleven. Olga is hier heel iemand anders geworden. Zoals haar passie zich ontpopt, had ik nooit kunnen vermoeden. Zeker daarbij is ook het verlangen naar een kind.'

Maar Olga raakte niet in verwachting.

Ze waren met de periodieke onthouding gestopt, de toen veel gehanteerde 0.5-methode. Zonder direct resultaat. Ze reageren er laconiek op – 'misschien wel fijn dat we nog even ons leven van jonggetrouwden kunnen voortzetten'. En dan wat minder berustend: 'We doen steeds vaker de luiken vroeg op de avond dicht.' Vrijen leek een plicht te worden.

In het najaar van 1936 klonk voor het eerst verontrusting in haar brieven door. Op 18 september schrijft ze: 'Ik ben maar eens naar een specialist gestapt. Han was bang voor de een of andere afwijking, omdat ik altijd zo'n pijn had. Maar dat was gelukkig niet zo. Alleen maar zwakte. Gek hè, als je er zelf zo gezond uitziet. De dokter zei dat hij het met elektriseren wel in orde kan krijgen en dat ik dan ook veel meer kans heb om kinderen te krijgen. Nu, we zullen hopen dat het helpt. 't Is wel naar als je met die dingen aan 't sukkelen gaat, vooral in Indië. Er zijn tenminste heel wat dames onder behandeling bij hem. Wisten jullie dat de steriliteit in Indië zoveel groter was? Ik heb 't nooit geweten, maar 't is zo. Er zijn hier tenminste bendes mensen zonder kinderen. Nu, ik hoop niet dat wij daar ook toe zullen gaan behoren. Ik geef de moed nog niet op hoor, ik ben nog jong genoeg. Han plaagt me er maar mee, zegt: pas maar op, over een poosje heb je er zes.'

Op 13 november 1936 meldt ze net een operatie aan de baarmoeder achter de rug te hebben. Zonder veel ophef, nuchter. 'Ik voel me alweer heel goed, alleen ben ik nog gauw moe. Zal ook wel door de warmte komen. Ik doe bijna niets, lig de hele dag maar zo'n beetje op de bank of op een luie stoel op de voorgalerij.'

Een maand later schrijft ze dat de operatie goed heeft geholpen want ze kreeg de menstruatie zo goed als zonder pijn. 'Ook de wond ziet er mooi uit, wel een beetje pijnlijk als je eraan komt.'

Met kerst vertrokken Olga en Han voor vier weken naar Saleier. Olga knapte op van de reis. 'Benteng, de hoofdstad, stelt niet veel voor. De rest is van een onbeschrijfelijke pracht. Ik kan niet geloven dat zoiets op aarde bestaat. De zee is groen, echt als smaragd. De stranden en de bossen ongerept. Zo mooi dat je denkt: het is niet waar wat ik zie, het is een droom. Het is anders dan de tuinen van Buitenzorg, dat is bedachte natuur, beschaafde natuur. Hier is het wild, ongeordend, niet veranderd sinds het begin der tijden. De westzijde van het eiland is licht glooiend, de oostzijde een dichtbegroeide heuvelrug met toppen van zeshonderd meter. Het strand ligt aan de westzijde, aan de oostkust beukt de zee tegen de rotsen. Han zwemt iedere avond een uur voor zonsondergang. Je weet hoe hij is, een waterrat. Ik pas op, ben bang voor het koraal. Je kunt je daar lelijk aan bezeren. En ja, eerlijk gezegd, ik ben ook een beetje bang voor haaien. Han lacht dat weg maar de vissers hier spreken over niets anders. Het wemelt van de haaien in de Flores Zee, je hebt ze hier in alle soorten en maten.'

Ik heb mijn vader nooit over de natuur van Saleier horen vertellen, ook niet tijdens het interview dat ik hem afnam. Hij had het over 'de raadsels' waarop hij daarginds was gestuit. Ik kom dat ook in zijn brieven aan Chiel tegen. 'Je verwijt me raadseltaal, beste vriend, maar ja, dat komt doordat ik dagelijks in de verborgen wetenschap (mystiek) wroet.'

Olga schrijft: 'Ik zie altijd iets goddelijks in een mooi landschap. De schepping zoals ze door God is bedoeld. Er lang en intens naar kijken onderga ik als een religieus ritueel. Op een rotsplateau op de punt van het eiland zag ik een tempeltje staan. Omgeven door gras en palmen. Het is ongetwijfeld een plek om offerandes te brengen aan de god van de zee of van de branding. Voor mij is het een plek om even stil te staan bij het wonder van de schepping.'

Uit de verhalen van mijn vader kreeg ik de indruk dat het een in alle opzichten schraal eiland was. Olga weerspreekt dat niet. 'De vissers zijn arm, en ik vermoed: veel armer dan de armste mensen van Makassar. Alleen zie je het niet. Ze zijn altijd met hun boten in de weer, de vrouwen boeten de netten. Ze zien er gezond uit, sterk. Luxe kennen ze niet. Hun houten huizen zijn eenvoudig en schoon. Alleen de woning van de assistent-resident en het passagekantoor van de K.P.M. hebben elektriciteit.'

De Koninklijke Paketvaartmaatschappij verzorgde de wekelijkse mailbootverbinding met Celebes. Over die K.P.M. was Olga niet erg te spreken. Oplichters. 'Ik zou altijd wel met Han mee willen naar Saleier, maar die K.P.M. is zo verrekte duur.'

Terug in Makassar begon Olga onder de hitte te lijden. 'De laatste weken zijn verschrikkelijk warm,' schrijft ze in het nieuwe jaar. ''s Middags is het niet om uit te houden. Ik drijf gewoonweg uit mijn bed. Ik zit ook af en toe te dromen over het verlof, maar dat duurt nog vijf jaar. De financiën zijn zorgelijk. Zo'n ziekte kost heel wat. De operatie vooral. Op zulke dingen is ons salaris niet berekend. 't Is wel vervelend, want we konden tot nu toe aardig rondkomen.'

Ze doen nog weleens of ze verloofd zijn. Zo omschrijft ze het zelf: 'We doen nog weleens of we verloofd zijn. We gaan dan 's avonds, als het huis gesloten is, heerlijk in de kamer zitten vrijen. Wat doet een mens op dat punt toch gek, hè! Iedere keer wil je wat anders. 't Verveelt ons anders nog niets. 't Is iedere keer weer even fijn. We zijn nog even gek op elkaar, en misschien nog wel een beetje erger dan voorheen. We hechten ook zo ontzettend aan elkaar, in Indië nog meer dan in Holland. Je bent altijd samen, doet alles samen. En je hebt geen familie waar je eens naar toe kan gaan. Wel hebben we fijne vrienden.'

Ze neemt haar lessen Makassaars en Boeginees weer op, speelt orgel in de kerk en begeleidt een Ambonees vrouwenkoor op de piano. 'Prachtige stemmen en wat zijn die vrouwen leuk. Zo hartelijk en goedlachs, als ik thuiskom loop ik zelf te stralen.' Van hun mannen was ze minder gecharmeerd, die waren dikwijls fel en onbesuisd in hun pas verworven christelijke geloof en stuurden op een regelrechte confrontatie met de mohammedanen aan.

Op 5 februari 1937 meldt ze dat vestiging op Saleier 'definitief van de baan' is. 'Han moet op en neer blijven reizen met de boot, terwijl hij nu net zulke goede contacten heeft. Hij is ontzettend teleurgesteld, je bouwt iets op, wint het vertrouwen, en dan moet je steeds na drie weken weer weg. Het is ook een end weg, een dag en een nacht varen met de mailboot, en als het slecht weer is en de zee ruw, soms nog langer. Ik begrijp dat het moeilijk voor hem is. Het leven hier in de stad is toch anders dan op het eiland daar. En ja, steeds drie, vier weken alleen zitten, is voor ons beiden niet leuk. Ik wil het geen beproeving noemen, maar hoeveel prettiger zou het zijn geweest als we daar een nieuw bestaan hadden kunnen opbouwen. Of hier. Nu is het geen van beide of van beide een beetje.'

Het woord 'eenzaam' valt voor het eerst op 2 juli 1937. 'Ik voel me soms erg eenzaam en verlaten.' Ze beklaagt zich over de monotonie van het bestaan. 'Professor Cense is naar Java voor een conferentie en heeft de lessen een tijdje stopgezet. Zonder een stok achter de deur lukt het me niet om me op teksten te concentreren. Dan zie je toch dat ik de ervaring van het studeren mis en dat ik er laat mee ben begonnen. Ik doe wat er hier verder van me verwacht wordt, maar veel afleiding heb ik niet. Een keertje naar de bios, een keertje naar de Chinees. Meestal een snertfilm. *Follow the Fleet* bijvoorbeeld, een echte cabaretfilm, alleen maar dansen. Daar zijn ze hier gek op. Bij een echt mooie film kun je de mensen tellen. Ik zou ook wel weer eens een echt goed toneelstuk willen zien of een concert waar ik niet met de vingers in mijn oren wegloop omdat er zo vals en belabberd slecht wordt gespeeld.'

Over *Follow the Fleet* had ze een afwijkende mening; het was een cultfilm die de somberte van de jaren dertig probeerde te verdrijven met Fred Astaire en Ginger Rogers als sterren en met opzwepende swingmuziek van Irving Berlin en Max Steiner. Misschien was ze er toch wel een beetje van onder de indruk, want ze nam dezelfde haardracht aan als Ginger Rogers in de film, met wat meer krullen, links en rechts van de scheiding.

Op 16 juli 1937 schrijft ze bijna terloops: 'Ik ben dan eindelijk in verwachting. Han is nog steeds op Saleier. Ik krijg altijd allerlei kwalen als hij weg is, kan niet slapen, steeds hoofdpijn en 's middags voel ik me toch zo vervelend.' De baby wordt in februari verwacht.

17

Het kind wordt te vroeg geboren. Een meisje, Noortje, vernoemd naar haar zus Nora. De bevalling verloopt moeizaam, het kind ligt verkeerd. De arts in het Militair Hospitaal besluit tot een tangverlossing. Aan het hoofd wordt de baby naar buiten getrokken.

Olga lijdt pijnen als van een foltering. Noortje leeft drie dagen. Haar hoofdje is verminkt, haar hersens zijn ernstig beschadigd. Als ze was blijven leven zou ze misvormd en zwaar gehandicapt zijn geweest. Alleen dat vooruitzicht zou Olga uiteindelijk met haar dood verzoenen, voor zover een moeder ooit berusten kan in de dood van haar kind.

Han moest het meisje alleen begraven, op dezelfde dag dat ze was gestorven – de wet schreef het zo voor. In een klein wit kistje droeg hij haar naar de Europese begraafplaats aan het Hoogepad. Het was de zwaarste dag uit zijn leven. De enige keer dat hij God heeft vervloekt. Bij het graf slaagde hij er niet in om hardop een gebed uit te spreken voor zijn dochter. Hij kreeg geen woord over de lippen.

Olga schreef maanden niet naar haar zuster, noch naar enig ander familielid. Han vertelde in een korte, trieste, boze brief dat de militaire arts in het ziekenhuis natuurlijk een zuignap had moeten gebruiken. 'De stommeling heeft haar verminkt, alle hersenfuncties uitgeschakeld. Ze had geen schijn van kans te overleven.' Wel had hij de hulp van andere artsen ingeroepen. 'Het maakte niet uit, het waren allemaal slagers in dat militaire hospitaal.'

Het had weinig gescheeld of Olga was in het kraambed gestorven. Pas na twee bloedtransfusies was het levensgevaar geweken. Sindsdien heeft ze altijd last blijven houden van trombose in haar benen.

Veertien dagen hielden de artsen haar in het ziekenhuis. Han bleef veertien dagen en nachten naast haar aan het bed zitten. Hij weigerde ook maar één minuut van haar zijde te wijken. Hij gaf haar water, aldoor water, hij was bang dat ze het drinken zou staken.

Mijn moeder is nooit bij machte geweest om me iets over de dood van haar eerste kind te vertellen. Ook na de oorlog bleef het een onderwerp dat ze zelfs niet vagelijk aanduidde. Het bestond niet, althans niet buiten de geheime spelonken van haar geheugen. Ik hoorde pas op mijn veertiende dat ik een oudere zus had. Ik hoorde het van mijn vader, niet van haar. Toen ik er vijftien of zestien jaar later voorzichtig iets over zei tegen mijn moeder – ik was inmiddels getrouwd en het gesprek ging over het al dan niet hebben van kinderen – verliet ze de kamer en zag ik haar de hele avond niet meer.

Ik herinner me vagelijk dat mijn ouders in de winter van 1958, een zachte winter met slechts elf ijsdagen, hevig van streek waren door een bericht dat ze van een ministerie in Den

Haag hadden gekregen. Hoewel de teneur me ontging, vermoedde ik dat het iets te maken had met hun Indische pensioen, en ofschoon ik nog nauwelijks wist wat een pensioen was, hoorde ik ze vaak klagen over wat een groot onrecht scheen te zijn. Over de jaren dat mijn vader in het jappenkamp had gezeten zou hij geen pensioen krijgen omdat hij in die periode geen salaris had ontvangen. Omdat ze veel te vaak over dat pen-si-oen zeurden, besteedde ik er geen aandacht aan; ik wachtte op een paar dagen ijsvrij en een witte kerst.

In een krantenknipsel dat ik onder in de doos met fotoalbums vond las ik een bericht dat ruim een halve eeuw later de huilbui van mijn moeder verklaarde. Of eigenlijk was het geen huilbui, was het meer een zacht gekerm dat uit de slaapkamer kwam en dat mijn vader probeerde te sussen. Het Europese kerkhof aan het Hoogepad, inmiddels Djalan Karebosi, zou worden overgeplaatst naar een begraafplaats acht kilometer buiten Makassar. Naar verwacht zou in de laatste maand van 1958 of anders aan het begin van het nieuwe jaar zevenhonderd stoffelijke resten worden overgebracht naar individuele graven. Om wie het precies ging, konden nabestaanden navragen bij de afdeling Algemene Zaken van het ministerie van Buitenlandse Zaken.

Het moet een naargeestig beeld voor mijn ouders zijn geweest dat uit een door de witte mieren aangevreten en vrijwel vermolmd wit kistje nog een paar botjes zouden worden gegraaid en op een voor hen onbekende plaats zouden worden herbegraven.

Noortje moet ergens in de laatste week van december overleden zijn, ik heb nergens de precieze datum gevonden. Op een foto ligt Olga op een rieten ligstoel in de tuin – 'Februari 1938' staat er in witte, Oost-Indische inkt onder. Meer niet. Ze draagt een lange witte jurk die tot aan de hals gesloten is en lijkt het koud te hebben. Op 2, 3 of 4 februari had Noortje in goede gezondheid ter wereld moeten komen.

Achter haar een struik met witte bloemen, misschien zijn het de eerste frangipane. Olga houdt geen boek, schrift of krant in de hand, ze tuurt wezenloos voor zich uit. De tijd lijkt tot stilstand gekomen, zoals op een moment dat alle mooie toekomstdromen in diggelen vallen. Olga kijkt niet treurig op die foto, dat is nog het meest verontrustende: ze kijkt met een lege blik in haar ogen.

Aan Nora schreef ze alleen indirect over de dood van haar dochtertje. Na maanden stilte begon ze haar brief met: 'We zullen hopen dat '38 ons meer geluk mag brengen, want zo'n jaartje als voorbij is zou ik niet graag meer meemaken. Wat heb ik een verschrikkelijke tijd gehad en ontzettend veel pijn geleden. Ze zeggen altijd dat je dat zo weer vergeten bent, maar ik kan het maar niet zo gauw vergeten en als ik er aan denk dat ik dat nog eens door zou moeten maken, word ik er zo bang voor. Wat is toch een mens. Het liefst zou ik zo gauw als het voor mij kan weer een baby hebben en aan de andere kant ben ik er zo bang voor geworden, ook dat het dan weer niet goed zal gaan. Han zegt wel dat ik voorlopig nergens aan moet denken, proberen te vergeten en niet achterom moet zien, maar dat gaat ook maar niet zo gemakkelijk. Han doet alle mogelijke moeite om me er overheen te helpen. Maar vrijdag moet hij weer naar Saleier. Ik zie er erg tegen op en Han geloof ik nog meer om me alleen te laten.

Ik zal mijn best doen om ook daar weer doorheen te komen.'

Haar herstel duurt maanden. Ze sterkt maar heel langzaam aan en schrijft op zeker moment: 'Als ik de lessen van professor Cense niet hervat, kom ik dit nooit te boven.'

Uitvoeriger schrijft ze niet over haar verdriet.

18

Onder leiding van Cense verdiepte Olga zich in Sjaich Jusuf, een Makassaarse moslimheilige uit de 17de eeuw die vanwege zijn felle kritiek op de VOC naar Kaap de Goede Hoop was verbannen. Hij overleed in 1699 in Zuid-Afrika, zijn gebalsemde lichaam werd naar Makassar teruggebracht en in 1705 ten zuiden van de stad begraven. Het piramidevormige graf was zo heilig dat Makassaren, die de pelgrimstocht naar Mekka niet konden betalen, een bedevaart maakten naar het graf van Sjaich Jusuf.

Jusuf Al-Makassari is de geschiedenis in gegaan als een van de belangrijkste mystici van Zuid-Celebes maar er is weinig over zijn leven bekend en nog minder over zijn leer en de spirituele invloed die hij heeft uitgeoefend op de Makassaren. Hij werd vooral vereerd als de eerste geestelijke leider die in opstand was gekomen tegen de machtige bevelhebbers van de VOC. De status van Sjaich Jusuf was toen al zo groot dat geen VOC'er hem in Makassar gevangen durfde te nemen, laat staan hem op Celebes terecht te stellen. Hij werd verbannen, en dat was in die tijd een milde straf.

Al vrij snel na de verovering van Makassar namen naar

Holland terugkerende schepen Makassaarse en Boeginese slaven in de ruimen mee en leverden die in verversingsplaats Kaap de Goede Hoop af. De slaventransporten naar Zuid-Afrika duurden voort tot halverwege de 18de eeuw. Het ging om enorme aantallen, minstens drieduizend per jaar. Volgens een voorzichtige schatting werden in totaal 100 000 mannen, jongens en meisjes vanuit Celebes verkocht. Vooral Boeginese meisjes waren in trek, zij brachten op de slavenmarkt in Kaap de Goede Hoop tussen de dertig en vijftig gulden op, een fors bedrag in die tijd.

Sjaich Jusuf, geboren in 1626, verwant aan het Goase vorstenhuis en opgegroeid aan het Hof van Gowa, protesteerde tegen het wegvoeren van Boeginezen en Makassaren. Na een zesjarig verblijf in Mekka, waar hij onder leiding van Arabische geleerden de Koran had bestudeerd, werd hij al bijna als een heilige gezien, en dankzij zijn huwelijk met de dochter van de sultan van Bantam genoot hij ook nog eens politieke invloed. Hij riep op tot verzet tegen de VOC en het verbreken van de verdragen met de compagnie die de vorsten van Gowa en Bone hadden gesloten. Jusuf werd aanvankelijk eerst verbannen naar Ceylon, waar de gehele kuststrook onder controle stond van de compagnie. Omdat hij daar algauw een kring van getrouwen om zich heen verzamelde en weer evenveel invloed begon uit te oefenen, werd hij, met zijn eerste en zijn tweede vrouw, zijn kinderen en enkele volgelingen, aan boord van het fluitschip De Voetboog naar Zuid-Afrika overgebracht. De poging om hem en zijn aanhangers op een boerderij in Zandvliet te isoleren mislukte, hij trok talloze tot slaaf gemaakten, vluchtelingen en ballingen uit Azië aan en stichtte de eerste moslimgemeenschap in Zuid-Afrika.

De spirituele leider beschikte over paranormale gaven en maakte indruk als genezer. 'Net als La Galini,' schreef Olga. In plaats van openlijk of gewelddadig verzet predikte Sjaich Jusuf een mystiek geloof waarbij de moslim één werd met Allah en, althans geestelijk, niet meer te kerstenen viel door de vreemde overheerser. 'Als je er goed over nadenkt,' aldus Olga, 'is dat een superieure vorm van verzet.'

Met professor Cense bestudeerde ze het weinige dat over hem was geschreven en de spaarzame brieven die van zijn hand konden zijn, in een nauwelijks nog leesbaar schrift, brieven die hij naar het Hof van Gowa had verzonden en waarin hij, in bedekte termen en fragmentarisch, zijn leer toelichtte.

'Ik weet heus wel waarom hij me deze teksten voorlegt. Ze zijn zo moeilijk dat ik al mijn hersencellen moet laten werken en geen seconde ergens anders aan kan denken. We spreken ook nergens anders over dan over Sjaich Jusuf. Ik ben hem daar dankbaar voor. Over het andere valt toch niets zinnigs te zeggen.'

Viermaal in de week begaf ze zich naar het huis van de professor aan de Strandweg, in het oude centrum van de stad. Een enkele keer nam hij haar mee naar het huis binnen de muren van Fort Rotterdam, waar zijn medewerkers oude en nauwelijks leesbare teksten zaten te kopiëren. 'Het ruikt daar als in een oud klooster, naar wetenschap en occulte boeken.' Op de enige foto waarop ze samen met professor Cense te zien is, zit ze in een *betjak*, een tweepersoons fietstaxi, en zijn ze vermoedelijk op weg naar Fort Rotterdam. Zij is smal en mager, hij lijkt uit zijn pak te barsten (hij draagt ditmaal een driedelig pak) en neemt driekwart van het bankje in beslag.

De Makassaarse fietser moet lachen om dit komische stel.

Iets later in het jaar haakte Han weer aan bij de lessen van Cense. Omwille van Sjaich Jusuf, wiens leer raakvlakken had met zijn eigen onderzoek. Han had nog altijd vreselijk veel moeite met het schrift. 'Net steno, allemaal boogjes met puntjes eronder of puntjes erboven ن of puntjes ernaast. Ieder letterteken staat voor een lettergreep, de puntjes geven de medeklinkers aan. Suffixen (achtervoegsels), infixen (ingevoegd element in de woordstam), ik word er tureluurs van. Voor Olga is het gesneden koek, ik moet eigenlijk weer van voren af aan beginnen. Stamwoord opzoeken... kanré – eten... vervoegen... kanréa – ik eet... kanréangi – ik eet met jou. Het is niks voor mij, maar ik heb het nodig voor mijn onderzoek. Ik ben op een punt gekomen dat ik niet alleen verder kon.'

La Galiti stelde hem voor raadsels.

Als hij in Benteng op Saleier de loopplank van de mailboot af liep, stond La Galiti hem op de kade op te wachten. Een kleine man, sterk, hoffelijk. La Galiti nam hem mee naar zijn nederige onderkomen, bood hem een vrucht aan die verrukkelijk smaakte, of een die vreselijk stonk. Hij was een man van uitersten en stelde een bezoeker herhaaldelijk op de proef. Hoe reageerde die op een vrucht die rot was als een mispel? Bleef hij kalm? Beleefd? Respectvol? Als dat zo was, begon hij te vertellen. Aan Han vertelde hij, telkens en telkens opnieuw, over God die hij op zee had ontmoet, op de terugweg van Mekka naar Saleier, tijdens de sumatraan, de felste van alle wervelwinden. Tijdens die storm had het wonder van zijn bekering zich voltrokken.

Het was een mooi verhaal waarvan Han telkens dacht hoe oosters het was. Toch vroeg hij zich af wat La Galiti nu precies tot het christendom had gebracht. Dat een hadji in Mekka bedrogen uitkwam, was eerder regel dan uitzondering. Indische pelgrims namen als vanzelfsprekend aan dat ze in Arabië met alle egards ontvangen zouden worden; van alle moslims hadden ze immers de meeste zeemijlen afgelegd om Mekka te bereiken en om die lange reis te bekostigen hadden ze een half leven gespaard. De harde werkelijkheid – dat ze werden uitgebuit en bestolen – trof niet alleen de hadji's uit Saleier: dat enkele vrouwen zichzelf in Djedda als slaven moesten offeren om de proviand voor de terugreis te bekostigen, was geen ongewone praktijk; La Galiti kon daar onmogelijk vreemd van kan hebben opgekeken. Tijdens de storm op de terugreis, toen het schip dreigde te kapseizen, had La Galiti het licht gezien, maar waarom had hij toen Jezus Christus om een teken gevraagd, en bijvoorbeeld niet een Boeddha-heilige? Voorbij Sumatra luwde de wind, La Galiti was een haven binnengevaren en had een bijbel gekocht. In welke taal? Het Makassaars? Het Boeginees? In beide talen had dr. Matthes een aantal Bijbelboeken vertaald. Of toch een complete bijbel in het Maleis? En waarom de Bijbel? Herinnerde La Galiti zich een paar verhalen van vroeger, van de christelijke school in Makassar waarop hij had gezeten?

Het was gecompliceerder. Terug op Saleier hield La Galiti overal toespraken die algauw op erediensten begonnen te lijken. Hij verwees naar de *Indjil*, een van de openbaringsboeken van Allah aan Isa dat op een aantal plaatsen in de Koran wordt genoemd.

'*Indjil*,' vertelde mijn vader me, 'is te herleiden tot het

Griekse *evangelion*, dat "goede boodschap" betekent en aan de basis ligt van ons woord "evangelie". *Isa* is de Arabische naam van Jezus. Ook in de Koran wordt hij gezien als een profeet maar niet als de zoon van God. De oertekst van de *Indjil* is nooit ontdekt, het zou om vier openbaringsboeken gaan die Jezus ten tonele voeren als ziener en profeet. Met die ziener vereenzelvigde La Galiti zich.'

Han kon het gouvernement melden dat er geen politieke of nationalistische overwegingen in het geding waren, alleen religieuze. 'We moeten de oorzaak zoeken in het schemergebied tussen de islam en het christendom in de oertijden,' rapporteerde hij aan zijn opdrachtgever. Dat wilden ze in Makassar niet direct geloven, en in Batavia evenmin. Mekka was de ideale plek voor de nationalisten om snode plannen te smeden. Geen christen kwam de stad binnen, geen westerse geheime dienst kon er iemand in de gaten houden. De Britse regering beklaagde zich erover dat de opstand in Soedan bekokstoofd was door nationalisten tijdens hun pelgrimsverblijf in Mekka. De Franse regering voerde de eerste nationalistische acties in de Maghreb terug op plannen die in de ommuurde stad in de Arabische woestijn waren gesmeed. Waarom zou dat dan niet gelden voor de Indonesische nationalisten die met duizenden tegelijk naar Mekka trokken?

Nee, betoogde Han op een conferentie in Denpasar, La Galiti zocht aansluiting bij een niet openlijk opererende maar evenmin geheime beweging die Perkoempolang Menoentoet Kebenarang Indjil heette (Onderzoek naar de Waarheid van de *Indjil*). Hij had op zee de ingeving gekregen dat het ware geloof niet de islam maar het christendom was en dat de sleutel voor het begrip in de *Indjil* te vinden moest zijn.

Een jaar later moest hij zijn bevindingen enigszins herzien. Na vele gesprekken bekende La Galiti hem evenzeer beïnvloed te zijn door Petta Barang, een halve heilige en een woeste krijger. Op Petta Barang had de marechaussee van het KNIL jarenlang jacht gemaakt in de bergen van Zuid-Celebes. Op zijn beurt bleek Petta Barang weer beïnvloed te zijn door Sjaich Jusuf.

Petta Barang deed zich voor als de zoon van de aroe, de vorst, van het Boeginese koninkrijkje Bone. En misschien was hij dat ook wel; geen enkel onderzoek heeft het kunnen tegenspreken of bevestigen. Hij was nog een jongen toen hij overleed. Na drie dagen kwam hij weer tot leven en stond uit zijn graf op. Hij keerde naar het paleis terug om zijn moeder te begroeten. Zij geloofde niet dat hij haar uit de dood opgestane zoon was en weigerde hem de toegang tot het paleis. Uit boosheid over haar afwijzing verliet Petta Barang zijn geboorte-eiland en vestigde zich op Java, in Gresik, een voorstad van Soerabaja.

Eenmaal volwassen keerde hij naar Celebes terug. Hij meed Bone en het paleis, hij verachtte die plek en had zich voorgenomen er nooit meer een stap te zetten. Hij sloeg zijn bivak op in Pasempe, in de bergen ten noorden van Bone.

Al snel genoot hij bekendheid als sanro (sjamaan) met magische en bovennatuurlijke krachten. Wanneer hij het gevecht aanging, kon hij dagen achtereen strijden zonder vermoeid te raken. Hij was een combinatie van Isa/Jezus – hij was immers uit de dood opgestaan –, Sjaich Jusuf, die dezelfde status van heilige en sjamaan had en dezelfde capaciteiten als genezer bezat, en Tarzan, de verweesde zoon van een aristocraat die zich aan lianen vastgrijpt en over bergrivieren slingert.

De werkelijk nieuwe gedaante die hij aannam was die van rebellenleider. Hij verzamelde een legertje om zich heen en bereidde zijn mannen voor op de strijd. Hij stoomde hen klaar tot guerrillastrijders. Tijdens een overval op een politiepost had Petta Barang twee geweren buitgemaakt, verder bezat hij geen moderne wapens. Zijn krijgers vochten met lansen, speren, hijzelf met een kris.

De gezaghebber, Henri Swart, onderschatte hem niet. Swart was een specialist in het onderdrukken van opstanden. De Nederlands-Indische regering zette hem in op Atjeh, op Borneo en Celebes, en op het eiland Soembawa, waar hij een expeditie tegen opstandelingen leidde. Jihadisten vervolgde hij meedogenloos maar hij was er zich ook van bewust dat hij niet lijnrecht tegen de wil van de bevolking in kon gaan en dat hij een minimum aan instemming nodig had, ook al was die stilzwijgend. Petta Baring, schreef hij in een rapport, doet zich voor als zoon van koning Bone Basse Kajuara, die in 1860 is gesneuveld toen Nederlandse troepen de aanval op Bone inzetten om het gebied onder controle te krijgen. 'Hij ziet zichzelf als de reïncarnatie van de gedode koning en is de leider geworden van een spirituele beweging die een heilige oorlog tegen het Nederlandse gezag wil ontketenen, een jihad, om de moslimterm te gebruiken.' Petta Barang tooide zich voor ieder gevecht met een gouden gehandschoende kris. Alleen een koning mocht zo'n kris dragen. 'Ik vrees,' schreef Swart, 'dat we hem serieus moeten nemen en dat het een grote vergissing zou zijn in hem een querulant te zien of een valse profeet die de een of andere dwaalleer verkondigt.'

De marechaussee opende de jacht op hem. Petta Barang trok zich hoger in de bergen terug. Nieuwsgierig naar zijn bovennatuurlijke krachten en aangetrokken door zijn geneeskrachtige gaven sloten steeds meer Boeginezen zich bij hem aan. Algauw gaf hij leiding aan een verzetsbeweging die zowel de aanval van 1860 als de militaire expeditie tegen het vorstendom Bone van 1905 wilde wreken. Hij was in de woorden van Swart 'een krijger in schaapskleren'. Hij handelde als sjamaan, verkocht amuletten die de drager magische krachten gaven en immuun maakten voor welk wapen dan ook.

Zelf zag hij zich als 'boodschapper van de goden'. In teksten die onder Boeginezen de ronde deden stelde hij zichzelf voor als een bovenaards wezen. Hij was niet als een gewoon mens ter wereld gekomen, hij was uit de hemel naar de aarde gezonden en had zo ongelooflijk veel kracht dankzij de heiligheid der heiligheid van de Almachtige – Allah. Hij was naar de wereld gezonden – en in dat opzicht leek hij weer op Sjaich Jusuf – om mensen te leiden, de veiligheid en orde te herstellen zodat een vreedzame en welvarende samenleving zou ontstaan. 'Zelfs mensen die hem nooit hebben gezien,' meldde gezaghebber Swart in zijn rapport, 'beschouwen hem als een mystiek persoon.'

In 1906 en 1907 deden de krijgers van Petta Barang de eerste aanvallen op Watampone en Soppeng en lokten hoog in de bergen van Zuid-Celebes marechaussees in hinderlagen. De gezaghebber moest extra troepen vragen om de verliezen te compenseren. De Nederlanders waren aan de verliezende hand, maar dankzij extra wapens konden ze een regelrecht vuurgevecht aangaan, iets wat Petta Barang steeds had proberen te vermijden. Negenendertig van zijn krijgers verloren het leven in de strijd; de oom, de vrouw en de zus van Petta Barang werden gearresteerd. De bevolking begon toen te twijfelen aan de bovennatuurlijke krachten van hun leidsman.

De strijd zou toch nog vijf jaar duren, met successen en nederlagen over en weer. Op 5 mei 1913 werd Petta Barang gearresteerd in de bergen bij Pasempe. Hij werd onmiddellijk overgebracht naar Java om te voorkomen dat zijn volgelingen hem zouden bevrijden. Begin juni werd hij in Batavia veroordeeld tot twintig jaar gevangenschap. Nog voor hij was overgebracht naar een ballingsoord op Sumatra, overleed hij in de gevangenis.

Zowel onder de Boeginezen als onder de Makassaren bleef hij een held en een heilige, bleef hij de onversaagde strijder die tegelijk tovenaar, medicijnman en sjamaan was. Zijn beweging telde in de jaren dertig nog honderden aanhangers en bleef actief tot 1941. Dus toen Han het gouvernement meldde dat La Galiti een ziener was die in Petta Barang zijn voornaamste voorbeeld zag, gingen er een paar alarmbellen af. Hij moest zijn werk op Saleier maar afbouwen, vonden zowel het gouvernement als de Indische Kerk. Beide begonnen te vrezen dat hij met de ideeën van La Galiti was besmet.

Tegelijkertijd wilden ze dat hij zijn werk voortzette. La Galiti telde een kleine duizend aanhangers die allen voor het christelijk geloof kozen; achthonderd lieten zich dopen. Zo'n massale geloofsovergang was uniek in de geschiedenis van wat destijds 'de islamzending' heette, de christelijke zending onder islamieten.

Mijn vader vertelde me dat hij zowel een compliment kreeg

als een waarschuwing. 'Ga vooral zo door,' was de boodschap, 'maar reis niet te vaak naar Saleier en laat je niet te veel door La Galiti beïnvloeden, anders voorzien we problemen.'

Vraag bleef of La Galiti openlijk de strijd wilde aangaan met het koloniale gezag. Mijn vader geloofde van niet. Wat La Galiti vooral in Petta Barang aantrok was zijn bovennatuurlijke kracht en zijn gave om een grote schare getrouwen te overtuigen van zijn gelijk. Net als Petta Barang had La Galiti het licht gezien. Hij wilde de Saleiers, en algauw een nog veel grotere groep in het zuiden van Celebes, de weg naar de toekomst wijzen. Hoe die toekomst er precies uitzag, hield hij wijselijk vaag. De bal kon toen nog alle kanten op rollen, naar een federatieve Indonesische staat, een sterke eenheidsstaat of een soort gemenebest met Nederland en de koloniën. Zoals alle religieuze leiders was hij tevens een diplomaat die niet direct al zijn kaarten op tafel legde. Volgens mijn vader was hij gek op dobbelen en speelde hij met iedereen, omdat hij bij iedereen een kans zag te winnen.

19

Petta Barang was allesbehalve een jihadist. Buigend over oude teksten kwam professor Cense tot de slotsom dat Petta Barang zich weliswaar fel tegen het Nederlandse gezag had gekeerd maar even fel tegen de uitbuiting en onderwerping in naam van de islam. Olga gaf die kennis aan Han door en Han begon toen te begrijpen waarom La Galiti zich door Petta Baring liet inspireren: in de allereerste plaats door zijn kritische houding tegenover de islam.

Het was een puzzel om dat allemaal te achterhalen, maar voor de waarheid is het nooit te laat. De oude teksten verschaften Olga en Han een veel dieper inzicht in een proces dat netjes 'kerstening' heet en in wezen onderwerping behelst. 'Alles is zo veel ingewikkelder dan je denkt,' schreef Olga aan haar zus, 'en zo veel wreder ook. De belangen botsten misschien nog wel sterker dan de culturen en de godsdiensten. Iedereen pikte een graantje mee en de enigen die met lege handen achterbleven waren de arme mensen, zoals altijd.'

De Makassaarse en Boeginese vorsten hadden zich aan het begin van de 17de eeuw tot de mohammedaanse godsdienst bekeerd. Om precies te zijn, op vrijdag 22 september 1605. De vorst van Gowa en de vorst van het naburige Tallo waren toen voor het eerst een moskee binnengegaan, een gebeurtenis die in de kronieken is vastgelegd. Ik kan niet nalaten hun beider namen te noemen omdat ze iets vertellen over de hoge geletterdheid van de Makassaarse en Boeginese adel. De vorst van Gowa heette Sombanta I Manngngerangi Daeng Manrabia Kareng Lakiung, de vorst van Tallo I Mallingkaang Daeng Nyonri Karaeng Katangka. Tezamen ontketenden ze een geloofsoorlog. In zes jaar tijd wisten ze gewapenderhand de islam te verbreiden in het zuiden van Celebes.

De meeste weerstand kwam van de laagste klassen. Zij bleven hun animistische rituelen uitvoeren, ook toen hun heren allang tot de islam waren toegetreden. Ook de muziek en de dansen die bij die rituelen hoorden, schaften ze niet af. Om tot een compromis te komen deden de vorsten het voorkomen dat die muziek bij de eeuwenoude hofcultuur hoorde.

De islam oefende een grote aantrekkingskracht uit op de feodale elite. De godsdienst tastte de machtsverhoudingen niet aan en verstoorde de sociale orde evenmin. Uit de kringen van de elite werden de islamitische geestelijken en moskeebeambten gerekruteerd. De vorsten, die aan het hoofd van omvangrijke families stonden, konden er meerdere vrouwen op na blijven houden. Voor velen gaf het toestaan van polygamie de doorslag bij de keuze van een nieuw geloof. Wezenlijk veranderde er niet veel voor hen.

De elite bleef het land besturen volgens de eeuwenoude adat, op een feodale, autoritaire en gewelddadige wijze. Het volk, dat talrijke hof- en herendiensten moest leveren, werd systematisch uitgebuit. De vissers en de kleine rijst-, vee- en tabaksboeren vulden de schatkist door heffingen op sawa's, visvijvers, vissersschepen, klappertuinen, waterbronnen, lokale markten, het slachten van vee. Veel meer rechten dan het eigendom van een stukje land of water hadden ze niet. Onder op de sociale ladder stonden de slaven, die volslagen rechteloos waren. Zij werden als dieren beschouwd, als wezens zonder ziel, en mochten niet deelnemen aan welk ritueel dan ook. De islam voegde zich volledig naar dit traditionele feodale stelsel.

Ook de Nederlanders, die het gebied in de tweede helft van de 19de eeuw binnendrongen, zagen geen reden om iets aan de sociale verhoudingen te veranderen en evenmin aan de machtsverhoudingen. Eerst hadden ze zich voornamelijk met de handel beziggehouden vanuit havenstad Makassar; toen ze het gehele land onder controle wilden krijgen, boden ze de lokale vorsten in ruil voor loyaliteit de lagere posten aan in het koloniale bestuur. Aan het stelsel van hof- en herendiensten veranderden ze nagenoeg niets. Pas toen Binnenlands Bestuur vanaf 1905 belastingen ging heffen, kwamen de vorsten in opstand.

Petta Barang wierp zich in de strijd om de autonomie over het gebied te verwerven en de Nederlanders te verdrijven. Algauw verving hij de politieke idealen voor sociale en godsdienstige. Hij kwam in het geweer tegen de armoede die inherent was aan het feodale systeem, ontaard in onderdrukking en uitbuiting van de laagste klassen, en bedacht een slimme manier om de belastingen te ontlopen: simpelweg door van geloof te veranderen. Wie christen werd, onttrok zich aan de hof- en herendiensten en aan allerlei verplichtingen van financiële en rituele aard die de islam en de lokale adat hun oplegden. Petta Barang verkondigde 'dat er eens iemand zal komen die een heilig boek meebrengt waarin de naam van de profeet Mohammed niet voorkomt. Dat is het boek dat heil bevat, daar kunnen jullie zeker van zijn.'

Han bracht professor Hendrik Kraemer op de hoogte van zijn bevindingen. Kraemer, hoogleraar godsdienstgeschiedenis in Leiden en een autoriteit in zendingskringen, was in feite zijn hoogste baas, hij had hem naar Indië gestuurd met de opdracht de bekeringsbeweging op Saleier te onderzoeken. Tijdens een dienstreis deed Kraemer Java, de Molukken en Celebes aan. Olga schreef: 'We hadden hier prof. Kraemer een paar dagen te logeren. Wat is dat een eenvoudige man en wat kan die een werk verzetten. Alles wist hij van onze arbeid hier, zelfs de namen van de mensen. Het meest interesseerde hem Petta Barang en de invloed die deze uitgeoefend had op La Galiti. Hij sprak over "enorme nieuwe inzichten". Han is natuurlijk in zijn nopjes.'

Kort na het bezoek van de zendingsdeskundige kreeg Han de opdracht zijn onderzoek uit te breiden naar de Toradjalanden, driehonderd kilometer ten noorden van Makassar. En nog naar een derde gebied, het Boeginese district Soppeng, honderdtachtig kilometer ten noordoosten van Makassar.

'Ik geloof wel dat je kunt zeggen dat hij een flinke promotie heeft gemaakt,' schreef Olga aan haar zus. 'Niet qua inkomsten hoor, hij krijgt er geen cent extra voor, maar qua verantwoordelijkheden.'

Vrijwel de gehele – animistische – bevolking van de Toradja-landen maakte aanstalten tot het christendom over te gaan. In Soppeng had een voormalig politieagent, La Salomo, het licht gezien en zichzelf uitgeroepen tot profeet. Net als La Galiti dus, ofschoon niet op de terugweg van Mekka maar gewoon in de berglanden van Celebes. Hij wilde zich met enkele honderden Boeginezen tot het christendom bekeren. La Salomo was een aangenomen naam, verwijzend naar de oudtestamentische Salomo. Volgens de Bijbel bouwde koning Salomo de eerste tempel van Jeruzalem. In de Koran komt hij voor onder de naam Suleyman, is hij even wijs en rijk als in de Bijbel, en bezit hij de magische macht om met dieren te praten. De Bijbelboeken Prediker, Hooglied en Spreuken worden aan Salomo toegeschreven. Niet toevallig waren zowel Prediker en Hooglied als de Spreuken van Salomo aan het einde van de 19de eeuw in het Boeginees vertaald door dr. B.F. Matthes. De invloed van de taalgeleerden reikte ver.

Olga schrijft uitvoerig en met een zekere opwinding aan haar zus over Petta Barang, La Galiti en La Salomo.

'Je zult er wel de kriebels van krijgen, met al die Indische namen en begrippen. Ik moest er hier ook aan wennen in het begin. Het is alsof je door al die termen buitengesloten wordt. Je hoort er nog niet bij, je bent nog een totok.'

Totok – nieuwkomer, een Hollander die pas van de boot is gestapt.

'Na een tijdje wordt het anders. Dan begrijp je dat voor veel begrippen geen adequate vertaling bestaat. Mystiek hangt hier als een geur in de lucht. Je denkt een bepaald fenomeen te snappen, maar achter het één steekt het ander, en ga zo maar door. Han heeft het altijd over "de oosterling". Zijn stem krijgt dan een bepaalde klank. Alsof wat volgt een uitermate spannend maar niet helemaal te volgen sprookje wordt. Eén ding is zeker, hier is het hele leven doordrenkt van mythologie en religie. Wij westerlingen willen alles begrijpen omdat wij alles volledig willen kunnen verklaren. Een Makassaar of een Boeginees hoeft niet tot de kern van het mysterie door te dringen. Hij aanvaardt het, als nevel die niet dunner wordt en evenmin optrekt. Hij gaat het evenmin uit de weg, hij laat zich er door opnemen.'

Geen woord over haar herstel, niet de geringste verwijzing naar de dood van haar dochtertje. Zoeken naar Petta Barang; Han helpen om iets van de mysteries rond La Galiti op te lossen, dat was haar therapie geworden. Nora moet het allemaal wat te veel zijn geworden, getuige de volgende brief, waarin Olga zich tegen haar pesterijtjes verweert.

'O, vind je me zo wijs praten? En vind je me er echt zo truttig uitzien op de foto's? Zo antiek, zoals je schrijft? We zitten hier nu eenmaal wat achteraf.'

Ze heeft kennelijk weer een paar foto's naar Holland gestuurd. En een paar foto's van Nora en haar andere zussen teruggekregen.

'Je ziet hier nog niet van die korte rokken, zoals bij jullie. Het maakt je ook zo dik. Maar goed, als jullie dat zo graag willen zal ik mijn benen wel wat gaan ontbloten. Kousen draag ik hier niet, zie je, of slechts tijdens bijzondere gelegenheden, dus bloot is hier bloot. Jullie dragen zulke korte rokken toch niet 's middags? Om jullie gerust te stellen: mijn ochtendjurken zijn minder lang dan mijn middag- en avondjurken.'

Halverwege 1938 vindt ze dat ze is veranderd.

'Mij zullen jullie niet meer terug kennen. Ik ben zo kattig geworden en zo'n politicus. Ik laat niet meer los dan ik kwijt wil en in vergaderingen kan ik ze er soms zo ongenadig van langs geven. Je wordt hier vanzelf zo. Er wordt nergens zoveel gekletst als in Indië, je moet op je woorden passen.'

Op de foto's die later in dat jaar van haar genomen worden, zijn de rokken wel wat korter.

20

Het mooie, avontuurlijke, bijzondere, kwam terug. Het leek alsof alles sneller ging in de tropen en de verschillen extreem veel groter waren: droefenis was de diepste treurnis of de ergste angst, de angst voor de dood, vreugde een euforie aan geuren en kleuren en nieuwe indrukken, de ene nog bijzonderder dan de andere; vreugde was bijna direct liefde.

Olga bracht een paar weken in de bergen van Midden-Celebes door om aan te sterken. Han reisde met haar mee naar Sangalla in Toradja-land. Het laatste stuk, de tweeëntwintig kilometer van Rantepao naar Sangalla, moesten ze te paard afleggen. Het ging haar gemakkelijker af dan Han, die over paardrijden zei dat je op de rug van zo'n vurige Arabische volbloed zo slecht kon nadenken. Olga had sneller door dat een paard een gevoelig dier is en dat je zijn vertrouwen moet winnen. Als je dat bereikt, doet het alles voor je, 'zeker onder moeilijke omstandigheden, zoals tijdens een onweer in de bergen'.

Ze betrokken een lodge, ver van alles. Olga schreef dat ze daar 'gelukkig weer van elkaar konden genieten', dat het was alsof ze op huwelijksreis waren, 'maar toch anders, na alles wat we meegemaakt hebben'. Ze deden elkaar een belofte: als Olga toch nog weer in verwachting zou raken en een kind zou krijgen, zouden ze naar deze plek terugkeren, 'met de baby'.

Olga raakte opnieuw in verwachting... en schreef er weinig over. 'We zijn er blij om maar toch ook wel een beetje angstig.'

Een beetje angstig? Ze moet verschrikkelijk bang zijn geweest. Ze geeft nauwelijks nieuws over haar conditie, verzwijgt of er complicaties zijn, of het kind ditmaal goed ligt in plaats van dwars. Evenmin geeft ze uitsluitsel over de verwachte datum van geboorte. Ze beklaagt zich alleen over de hitte, die haar kennelijk meer parten speelt sinds ze in verwachting is. 'Het is hier de laatste weken ondraaglijk heet, dat zal nog wel een poosje zo blijven. 's Middags drijf je gewoon je bed uit, 's nachts is 't gelukkig wat minder warm.' Maar door de aanhoudende hitte, schrijft ze, 'duren negen maanden erg lang'.

Op 15 oktober 1938 is ze terug in Makassar en vertelt ze dat er zo ontzettend veel mensen zijn langsgekomen. Haar huis lijkt in een pension veranderd. 'We hebben gewoon elke dag bezoek. We zouden eens echt één avond voor onszelf moeten houden.'

Han was naar Saleier geweest. Vrij kort ditmaal, negen dagen. Toen hij terugkwam had hij de verloofde meegenomen van een Saleierse goeroe, een kind dat volgens Olga 'erg zuur' keek.

Iedere dag kregen ze nieuwe logés. Het ging een paar weken zo door. 'Als het in januari flink regent zal het wel rustiger worden. Januari is voor ons de komkommertijd, dan blijft iedereen thuis. Maar tot die tijd is het hier de zoete inval. Zendelingen, op doorreis naar hun bestemming. Ze blijven een paar dagen logeren, vragen Han de oren van het hoofd. Ze weten weinig van de islam, zijn zelfs een beetje benauwd voor Mohammedanen.'

De zuur kijkende verloofde van La Galiti – want om die goeroe ging het – wist van geen wijken. Olga zette haar maar aan het werk. 'Ze heeft niets omhanden, verveelt zich dood, ze borduurt nu slabbetjes voor de baby.'

Ze bracht Han voor de zoveelste maal dat jaar naar de boot. Hij moest voor drie weken naar Java. Afspraken in Batavia, Bandoeng, Soerabaja, en een conferentie in Buitenzorg.

'Buitenzorg... Als ik die naam hoor, voel ik me meteen weer gelukkig worden. Daar begon alles voor ons. Het ruisen van de palmen, een geluid dat aan harken doet denken, geduldig bladeren harken. De kleuren, feller dan die op de batikstoffen. De tropen, de stekende zon tussen torenhoge stapelwolken, de kletterende regen. De ontmoetingen, dag in dag uit... Het leven.'

Ze moet veel rusten, mag geen rijsttafel meer eten terwijl ze daar juist dol op is, geen mango's, wat pech is, want juist in dit seizoen zijn ze rijp en ze zitten barstensvol vitaminen. Na het middagdutje bekleedt ze de rotan wieg met witte voile.

Hun huis wordt langzamerhand een verzamelplaats van inheemse dingen. 'Leuk voor later,' schrijft ze, 'voor Holland.' En een beetje ontzet: 'Als we ooit naar Holland terugkeren.'

Haar brief van 11 november 1938 is alarmerend. Ze is zelf al een tijdje niet lekker, erg snel moe, kwaaltjes die in haar toestand direct verontrustend zijn, maar veel ernstiger is het met Han. Hij is met dysenterie in het ziekenhuis opgenomen, in datzelfde, vreselijke Militair Hospitaal van Makassar. Hij is zo zwak dat hij nauwelijks overeind kan komen en bij het wassen geholpen moet worden.

Dagen achtereen bezoekt ze hem in het ziekenhuis, de dokter raadt het haar af, 'blijf thuis, uw man redt het wel, u moet aan uzelf denken', maar ze weet 'dat hij me iedere dag even moet zien, anders gaat hij zich vreselijk zorgen maken'.

Tegen het einde van de maand mag Han overdag buiten liggen, in de schaduw, op de gaanderij, maar hij moet voorlopig in het ziekenhuis blijven. Hij heeft nog altijd hulp nodig bij het wassen en in haar toestand kan Olga die niet geven.

Weken gaan voorbij. Kerst, oud en nieuw. Haar volgende brief schrijft ze pas op 23 januari 1939.

Ze gaat niet meer uit. Ze heeft alleen nog *Vadertje Langbeen* en *Sneeuwwitje en de zeven dwergen* in de bios gezien. De bevalling nadert, ze heeft weinig nieuws te melden. Han is vrij snel opgeknapt en volledig hersteld.

'Het ene moment ben je hier zo ziek dat je denkt dat je dood zult gaan, het volgende loop je door de tuin en pluk je een begonia die roder is dan de loper voor de koningin.'

Het kind wordt op woensdag 1 maart 1939 geboren. Han stuurt op vrijdag een telegram naar Oegstgeest. 'Olga bevallen van een jongen. Alles goed verlopen. Kereltje kerngezond.'

Ik meen gehoord te hebben dat mijn moeder voor haar tweede bevalling een beroep heeft gedaan op een Makassaarse baker, maar dat kan ook voor haar derde bevalling geweest zijn. Ze had veel vertrouwen in de vrouw en kende haar waarschijnlijk van de naailessen. Uit een brief van mijn vader maak ik op dat er inderdaad een Makassaarse vroedvrouw bij de bevalling assisteerde, maar dat die onder toeziend oog van de zendingsarts Ong Yan Hong werd uitgevoerd in het pas geopende Laboean Badji-ziekenhuis. Nou ja, het was meer een kliniek, Laboean Badji (Veilige Haven) was een van bamboe opgetrokken gebouwtje dat veertig bedden telde. Het had niettemin een goed geoutilleerde operatiekamer, een gekoelde verloskamer en een paar kundige artsen die betaald werden door de Gereformeerde Zendingsbond en gratis hulp boden aan patiënten uit alle bevolkingsgroepen, waardoor het ziekenhuis pijlsnel zou groeien tot 450 bedden.

Olga was een van de eersten die de verloskamer van het Laboen Badji werd binnengereden. De geboorte van Boris moet snel en goed zijn verlopen. Ook in later brieven wordt geen melding gemaakt van zelfs maar de geringste complicatie. 'Kereltje kerngezond,' schreef Han in zijn telegram.

De trotse grootouders zetten een advertentie in de *Leidsche Courant*: 'Vanuit N.O. Indië bereikte ons het heugelijke bericht...' Boris was hun eerste kleinkind.

Zelf grijpt Olga pas op 4 april 1939 naar de pen. Ze is dan weer helemaal de oude, voelt zich uitstekend, is alleen erg mager geworden, 'maar dat is zo erg niet'. Ze heeft het nu ontzettend druk met haar kleine puk.

De toon is opeens anders. Niet meer die van een leergierige jonge vrouw die zich door razend moeilijke teksten bijt of zich beklaagt over de blaasbalgen van het orgel in de kerk, maar van een jonge moeder die zich over het wonder verbaast dat uit haar buik zo'n echt, klein, gaaf mensje is gekomen.

'Om de drie uur voeden. Dan de nodige schone luiers en 's morgens 't baden. Dat is een leuk werkje, eerst was ik een beetje bang dat ik hem zou laten vallen, maar nu niet meer. Hij gaat 't nu zelf ook lekker vinden, 't wordt nu zo'n echt mensje. Hij gaat al met z'n handjes liggen spelen en dan kijkt hij zo leuk met z'n grote blauwe ogen.'

Boris zou een uitstekende pianist worden. Amateur, ofschoon hij lang heeft overwogen toelatingsexamen voor het conservatorium te doen. Niet vanwege zijn kwaliteiten maar omdat hij zich 'niet zo'n artiest' voelde en evenmin kon kiezen tussen klassiek en jazz, zag hij af van een loopbaan in de muziek. Maar dat hij al in de wieg met zijn handjes lag te spelen, moet een teken zijn geweest. Hij won er direct alle aandacht mee. Olga schrijft: 'Ik kan niet genoeg naar hem kijken. 't Is zo'n dot.'

Op 16 juni was ze in Sangalla terug, met Han en met haar 'jochie', een jochie met blonde krullen. Foto's bewijzen dat Boris een engelachtige verschijning was. Hij leek zo van een schilderij van Botticelli geplukt.

Sangalla en omgeving waren even mooi in Olga's beschrijvingen. 'Rondom bergen en tussendoor sawa's. Misschien overdreven, maar ik zie het hier als de Tuin van Eden.'

Na twee weken vertrok Han, hij moest weer op reis, naar Raha op het eiland Moena (nu Muna) en naar Baubau op het eiland Boeton (Buton), beide in Zuidoost-Celebes op een dikke drie dagen varen van Makassar. Ook op die eilanden had La Galiti aanhangers gekregen.

Olga bleef achter in de Toradja-landen. De hele morgen was ze met de kleine in de weer, ze gaf hem borstvoeding. 's Middags besteeg ze haar paard, de kleine, felle, Arabische volbloed, en verkende de omgeving. Camera mee, notitieblok. Ze passeerde de rotsgraven, 'uitgehouwen in de rotsen, aan de ingang zetten ze houten poppen, die moeten overledenen voorstellen. Daar heb je hele galerijen van. Het lijkt wel alsof ze naar een optocht staan te kijken. Als je er te paard langsrijdt, is het bijna huiveringwekkend, de doden volgen je. Dan gebeurt er iets vreemds, je hebt de indruk dat de scheidslijn tussen de doden en de levenden wordt opgeheven. Je maakt een tocht door het rijk van nu en het rijk van weleer, zo je wilt: het dodenrijk.'

Ze moest aan de teksten denken die ze met professor Cense had bestudeerd waarin het verschil in tijd werd opgeheven. 'Je bent in het nu en je bent tegelijkertijd een product van weleer. Je bent op deze aarde en je gaat een andere wereld binnen. Misschien is dat wel wat we met paradijs bedoelen.'

Het diepst raakte ze onder de indruk van de *liang pia*, de babybomen. Toradja's plaatsten overleden baby's, gewikkeld in een matje van vredespalmvezels, in een verticale holte in een boomstam. Het ritueel gold alleen baby's van wie de tandjes nog niet waren doorgekomen. Gekozen werd voor een boom die, als je de stam inkerft, een melkachtige witte vloeistof afscheidt, een substituut voor de moedermelk. De boom groeide om het lijkje heen en beschermde de ziel van het kind tegen boze geesten. Sommige van die babybomen waren eeuwenoud.

Veertig jaar later zou ik langs zo'n reusachtige babyboom lopen en langs dezelfde houten poppen die hoog boven me in een gaanderij stonden, uitgehouwen in de rotsen. Aangeklede poppen, alle in een lang wit gewaad, alle met een hoofddeksel op. In Sangalla, niet ver van Rantepao, in Toradja-land. Nergens anders was ik op mensen gestuit die de dood belangrijker vonden dan het leven, die jaren achtereen spaarden zodat ze ten minste tien buffels konden offeren na de dood van hun naaste verwanten. En spaarden om hem of haar in hout te kunnen laten vereeuwigen, als een eeuwigdurende herinnering, terwijl onder aan de bergwand de doodskisten lagen, schots en scheef over elkaar in de bergspelonken, sommige halfopen. De ziel was verhuisd naar de houten pop, het dode lichaam deed er niet meer toe en was alleen nog voer voor gieren en andere lijkenpikkers. Ik liep daar verdwaasd tussen botten, schedels, geraamtes rond, ik wist toen nog niet dat Olga over de Toradja's had geschreven in een artikel in de *Makassaarsche Courant*, en ik kende haar brieven ook nog niet, maar ik had al wel het vermoeden dat zij daar vele weken had rondgezworven.

Olga: 'Als er iets zou zijn, met mij of met Boris, dan moet ik iemand te paard naar Rantepao sturen, dat is 22 kilometer hier vandaan, daar woont de dokter. Zoiets kun je je in Holland gewoon niet voorstellen.' Dat ze toch zo lang met haar baby daar bleef, had te maken met de hoogte. In de bergen werd het nooit veel warmer dan vijfentwintig graden. 'De gezonde lucht geeft ons de kracht om alles te doorstaan.'

Terug in Makassar wees ze Han erop dat het niet bijzonder moeilijk moest zijn om de Toradja's voor het christendom te interesseren. Mijn vader had me vaak verteld dat de Toradja's lang aarzelden tussen christendom en islam. Als ze voor de laatste godsdienst kozen, zouden ze er meerdere vrouwen op na kunnen blijven houden. Maar ze hielden ook erg van varkensvlees, en dat verbood de islam. En ja, zei mijn vader dan, de liefde gaat door de maag. Hij vertelde dat als een grap, de ware oorzaak lag dieper.

De Toradja's leefden op gespannen voet met de Makassaren, felle moslims, en vereenzelvigden zich met het volk Israëls, dat na een lange exodus de Schelfzee had bereikt. Zelf waren de Toradja's ook van verre gekomen, hun huizen in de vorm van een schip, met een hoge voorsteven, een hoge achtersteven en een vloeiende zeeg, herinnerden daar nog aan. Toen mijn vader ingeschakeld werd bij het zendingswerk onder de Toradja's, moest hij vaak de passage uit de Bijbel voorlezen over de doortocht door de Schelfzee. 'God kliefde de zee om de doortocht van het volk Israël mogelijk te maken.' En het mooiste: hun achtervolgers, de koning van Egypte en zijn leger, 'kwamen in de Schelfzee om'.

Met het Oude Testament voelden de Toradja's meer affiniteit dan met de Koran, het boek dat overwinnaars in het hart sluiten. De Tien Geboden vonden ze daarentegen een lachertje. Hun eigen adat bestond uit 7777 bepalingen, 7000 voor de hoogste kaste, 700 voor de tweede, 70 voor de derde en 7 voor de laagste. De Toradja's kenden vier kasten, die ze met goud, zilver, ijzer en klei aanduidden. De Bijbel, met zijn Tien Geboden, leek hun daarom bestemd voor de klei-kaste.

Voor Olga, dat blijkt althans uit haar brieven, lag de oorzaak elders. Ze had snel in de gaten dat alles om de dodencultus draaide bij de Toradja's. 'In dat opzicht zijn het echte heidenen.' Dat klinkt nogal vooringenomen, maar in één opzicht had ze gelijk: als ze geen houten poppen meer van hun doden konden maken, zouden ze geen Toraja's meer zijn. Dat was trouwens een andere reden waarom ze voor het christendom kozen, de islam verbood iedere beeltenis van de mens.

In zekere zin genoot Olga toen ze in 1939 in de bergen rond Rantepao verbleef veel meer vrijheid dan ik precies veertig jaar later. Tijdens de donkerste jaren van Soeharto's generaalsregime was het voor buitenlanders verboden op eigen houtje door de gewesten buiten Java en Bali te reizen. Ik mocht in 1979 alleen naar de Toradja-landen als ik een jeep met chauffeur huurde en een Javaanse gids meenam. Mijn gids was een kleine, tanige dame van vierenzestig die weliswaar geen uniform droeg maar wel in het leger diende en de rang had van adjudant. Als een cipier begeleidde adjudant Sari me van Makassar naar de Toradja-landen en sprak 'Sulawesi' als een verwensing uit. Makassar was Ujung Pandang gaan heten omdat president Soeharto aan het begin van zijn militaire loopbaan een onaangename ervaring in Makassar had gehad, iets wat de gids maar al te graag vertelde. Om welk vervelend voorval het ging, wilde ze niet zeggen. Makassaren en Boeginezen deed adjudant Sari als imbecielen af omdat ze nauwelijks Bahasa spraken en Toradja's waren 'primitieve animisten' die meer met apen gemeen hadden dan met mensen. Deze dame moest erop toezien dat ik zo min mogelijk in contact kwam met zulke halve wilden en nam dat zo letterlijk dat ze op een bank voor de deur van mijn lodge bleef zitten tot ze er zeker van was dat ik in slaap was gevallen en de volgende morgen in alle vroegte alweer op die bank schoof.

Op de vijfde nacht wist ik te ontsnappen. Ik klom door het raam naar buiten, pakte een fiets en reed over de smalle bergpaden die mijn moeder te paard beklommen had, langs sawa's en koffieplantages. De maan dreef als een oranje bol uit de hemel weg, de vroege ochtendzon schroeide door de nevel heen, de geur aarzelde tussen kruidig en zoet, en ik hoorde mijn moeder neuriën, want dat deed ze altijd wanneer ze zich senang voelde.

21

Terug in Makassar hervatte Olga de naaicursussen. Via haar zus bestelde ze bij haar moeder, die ze nu steeds 'moes' noemt, valenciennes. Olga was een echt vaderskind; toen ze aan haar baarmoeder geopereerd was, vroeg ze Nora 'niets aan vader te vertellen' omdat hij anders 'doodsangsten' zou uitstaan. Met haar moeder was de band zakelijk. Ze raadpleegde haar over praktische kwesties, maar steeds via Nora. Elkaar schrijven deden ze alleen voor hun verjaardag. De brief die haar moeder haar dan stuurde was een lange, maar over de inhoud weet ik niets; de brieven van mijn grootmoeder zijn verloren gegaan. Ik kan me nauwelijks voorstellen dat er ook maar één beminnelijk woord in stond, ik ken mijn oma als koud en afstandelijk. Maar de geboorte van haar eerste kleinkind Boris heeft haar kennelijk vertederd; ze stuurde de hartelijkste gelukwensen naar Makassar, en Olga noemde haar voortaan 'moes'. In Nederland werd dat weer 'moeder', ofschoon ze dat wel lief uitsprak.

De valenciennes had Olga nodig voor de jurk die ze op de receptie van de Gouverneur-Generaal wilde dragen. Eind september zou de G.G., 'de onderkoning van Indië', naar Makassar komen, en op de receptie die hij zou geven, kon Olga, zoals ze schreef, voor 'haar gevoel en haar fatsoen' alleen in een lange avondjurk verschijnen. Ze was niet verzot op dit soort gelegenheden, 'iedereen neemt je dan de maat, de vrouwen nog het meest', maar 'als je er niet bij bent, hoor je er niet bij, en als je twee keer verstek laat gaan, ben je vergeten'.

De klos kant kwam al snel naar Makassar, en ze besloot de avondjurk, waarvan ze de kraag en de korte mouwen met strookjes kant wilde afzetten, als voorbeeld te nemen voor haar cursisten.

'Schot in de roos, vooral de meisjes zijn helemaal weg van de valenciennes, "net een trouwjurk", riepen ze uit. Ik had meters over, en ze hebben het kant nu op hun eigen jurken gestikt – geen kraag, mouw of zoom bleef zonder. Ze demonstreerden elkaar het resultaat, het was echt feest.'

Opnieuw bij haar moeder en opnieuw via haar zus bestelde ze een korset. Na de bevalling kreeg ze haar 'buik niet meer plat' en in Makassar kon ze alleen een keurslijf uit de tijd van koningin Victoria krijgen, zo'n ding waarin je bijkans stikt. 'Maat 70,' geeft ze aan huis door, 'maar niet van te dikke stof, dan ga ik dood van de hitte.'

Als het korset gearriveerd is, meldt ze dat het goed zit en niet opvalt onder haar avondjurk.

Een week na het bezoek van de Gouverneur-Generaal brengt ze Han voor de zoveelste maal naar de boot. 'Leven in Indië = afscheid nemen,' schrijft ze een beetje chagrijnig aan haar zus. Han zou de synode in Malang bijwonen en drie weken wegblijven. 'Voor hem heerlijk, hij kikkert altijd op van Java, komt met evenveel ideeën als boeken terug, en neemt ook altijd een paar grammofoonplaten voor me mee en andere cadeautjes.' Maar zij mist hem al voor de boot uit het zicht is verdwenen.

Niet dat ze zich verveelt; de brief is kort, ze heeft veel omhanden. Op 22 november zit ze midden in de verhuisdrukte. Han is dan alweer op reis, bestemming ditmaal onbekend, 'als hij terugkomt, zal dat in zijn nieuwe huis zijn'. Ze heeft een hekel aan dat aldoor verhuizen, maar er was niets aan te doen, ze moesten weg van de Marosweg en ze krijgen er een leuk nieuw huis voor in de plaats, aan de Tromplaan, veel dichter bij het centrum van de stad en veel dichter bij zee. Ze hoefden de 2e Zeestraat maar uit te lopen, die in het verlengde van de Tromplaan lag, en ze keken uit over de Straat van Makassar. Tegen de avond stak daar altijd een zoel briesje op, het was een fijne plek om met de kleine in de kinderwagen te wandelen.

'Het laatste nieuws uit Makassar is dat Boris staat. Verleden week vrijdag gebeurde het, de baboe kwam aanrennen, *sinjo berdiri*, "de jongeman staat", en het hele huis liep leeg om die gebeurtenis te zien.'

In een paginalange passage beschrijft ze wat Boris inmiddels met zijn rammelaar kan doen, 'hij is toch zo'n vrolijk joch'. De kleertjes die uit Holland zijn gekomen blijken echter nutteloos. 'De jasjes doe ik hem, 's morgens vroeg om zeven uur, nog wel even aan in de box, maar het is al gauw te warm. Jullie hebben er, geloof ik, toch geen idee van hoe heet 't hier is. Als je ziet hoe die kleine schat soms transpireert, krijg je gewoon met hem te doen.'

Op tweede kerstdag begeeft ze zich met Han en achtenveertig Ambonezen naar Bonthain (Bantaeng) om de nieuwe protestantse kerk in te wijden. Met twee vrachtwagens rijden ze naar het stadje aan de zuidkust van Celebes, het hele Ambonese kerkkoor is mee om de dienst op te luisteren, ze zitten in de laadbak op rechte houten banken, 240 kilometer heen en 240 kilometer terug. 'Gelukkig was het droog, op eerste kerstdag heeft het de hele dag gekletterd van de regen.' De stemming was 'als op een schoolreisje, zowel op de heen- als op de terugweg hebben we gezongen, en natuurlijk hebben we gegeten, want Ambonezen kunnen zo'n reis niet maken zonder minstens één kip te verorberen. Manden vol voedsel gingen erdoorheen.'

De inwijdingsdienst was plechtig en mooi, ofschoon er geharrewar over de voertaal aan vooraf was gegaan. Han was gevraagd in het Hollands te preken, hij had dat geaccepteerd indien de Schriftlezing in het Maleis zou worden gehouden. 'Dat was akkoord,' schrijft Olga, 'als het in het Ambonese Maleis zou zijn, een apart soort Maleis met veel Portugese en Nederlandse woorden, en het voorlezen uit de Bijbel moest dan gedaan worden door een Ambonese hulpprediker.'

Al in de jaren dertig leefden er meer Ambonezen buiten Ambon dan op het eiland zelf. Het opvallende was dat ze zich in de diaspora direct hergroepeerden. In Makassar en overal elders op Celebes hadden ze eigen kerkgenootschappen, kerkkoren, kerkbladen en jongelingsverenigingen. Hun geloof was vooral een manier om elkaar niet los te laten, en niettemin waren ze uitgesproken sektarisch: christelijke en islamitische Ambonezen konden het alleen in één ruimte uithouden als ze elkaar direct de rug toedraaiden en geen woord met elkaar hoefden te wisselen – zo niet, dan liep het uit op een handgemeen.

De liederen die het koor in het Ambonees zong, completeerden volgens Olga de indruk 'dat we op een van de honderden eilanden van de Molukken waren. Maar wat heb ik het warm gehad. Ik bespeelde het orgel, het was gloednieuw dus stroef, ik moest bijna stampen op de pedalen, en ja, dan merk je toch hoe fysiek orgelspelen is, je hebt je handen, armen, voeten en benen ervoor nodig, net als voor een klimpartij in de bergen, en gut, je zit achter een orgel altijd hoog in de kerk, op de gaanderij, alle hitte stijgt naar boven, ik zeg wel eens: je zit daarboven op een wolk hete asem.'

Het was tijdens die kerstdagen van 1939 de achtste keer dat Olga een dienst begeleidde, 'kerst voor kinderen, kerst voor bejaarden, twee keer kerst voor Ambonezen, een dienst voor Makassaren, voor Evangelische Chinezen. Ze hebben allemaal hun eigen kerstviering, terwijl de Mohammedanen helemaal niets aan kerst doen en je er in Makassar vrijwel niets van merkt, geen lichtjes in de palmen of zo, maar goed, ik was voor elk van die diensten gevraagd, ook als Han niet de voorganger was. Keer op keer was het smoorheet, keer op keer dreef ik uit mijn kleren, keer op keer ben ik na het amen en het naspel naar huis gerend om me minstens een halfuur te mandiën.'

Het uitstapje met de Ambonezen eindigde onder een waterval. 'Op de terugweg reed de chauffeur de vrachtwagen opeens de bergen in. Een halfuur later stonden we met zijn allen onder een waterval van zeventig meter. Heerlijk koel water stortte op ons neer, en ja, toen hebben we toch weer vreselijk gelachen met elkaar.'

In haar brief van 27 december 1939 brengt ze professor Cense naar de boot. Hij is benoemd tot hoogleraar Maleise, Makassaarse en Boeginese taal- en letterkunde aan de nieuw opgerichte literaire faculteit van de Universiteit van Batavia.

'Ik weet niet of ik hem ooit terug zal zien. We hebben een bijzondere tijd gehad samen. Hij was meer dan mijn leermeester, hij was mijn geweten. Als ik onzin uitkraamde (en dat deed ik in het begin nogal eens), wist hij me duidelijk te maken dat ik me vergiste. Ik ken niemand – en Han is dit helemaal met me eens – die zoveel kennis en zo weinig vooroordelen heeft als hij.'

Het moet voor haar een memorabel moment zijn geweest, de afsluiting van een periode. Met het vertrek van Cense kwam een einde aan de lessen Makassaars en Boeginees. Olga ging niet meer in de leer bij zijn opvolger, ze vond dat ze beide talen voldoende onder de knie had en besloot zich op andere taken te richten. Meer nog dan van een leraar nam ze afscheid van een vertrouwenspersoon: iemand die vertrouwen had in haar en iemand aan wie ze haar vertrouwen durfde te schenken.

De brief van 27 december 1939 is haar laatste vooroorlogse brief. Maanden voordat de Duitsers Nederland binnenvielen, staakte de correspondentie met haar zus. De verbindingen werden verbroken, post uit Indië bereikte Europa niet meer, er voeren geen mailschepen meer omdat U-boten de Atlantische Oceaan en de Middellandse Zee onveilig maakten. Tenminste, dat neem ik aan. Het kan ook simpelweg zijn dat een enkele brief is zoekgeraakt of verscheurd. Nora verhuisde in die periode naar Oosterhesselen, een dorp in Drenthe waar Chiel tot predikant was beroepen. Tot ongenoegen van Han, die zijn geliefde zwager bij 'professor Kraemer naar binnen had gepraat' en die er vast op had gerekend dat Chiel naar Indië zou komen. 'Ik had gedacht dat je wat meer lef had en dat je wat avontuurlijker was ingesteld,' schreef hij rechttoe rechtaan en duidelijk teleurgesteld. 'Je plaats is hier, niet op de hei.'

Chiel had er steeds meer moeite mee de grote belofte waar te maken die hij in de ogen van velen was. Naast theologie was hij kunstgeschiedenis en filosofie gaan studeren. Ook na zijn huwelijk was hij thuis blijven wonen. Met Nora had hij de bovenste etage betrokken van het statige huis van zijn ouders aan de Okeghemstraat 11 in Amsterdam. Nora 'fröbelde op een schooltje in Oud-Zuid', Chiel bracht evenveel tijd door in de musea als in de collegezalen en begon iets van de eeuwige student te krijgen. Telkens wanneer Han hem per brief vroeg wanneer hij nu eindelijk eens zijn laatste tentamens zou afleggen, stuurde hij een aflevering van het *Critisch Bulletin* naar Makassar, het toonaangevende literaire tijdschrift van de jaren dertig dat nauwkeurig bijhield welke romans, dicht- en essaybundels er waren verschenen. Han blij, was hij eindelijk weer een beetje op de hoogte, uit dankbaarheid zeurde hij Chiel een paar brieven lang niet aan het hoofd, maar de scheiding der geesten tekende zich toch af.

Om de tijd te verdrijven handelde Chiel ook nog een beetje in kunst. Samen met zijn vader, een kleine, beweeglijke man, eeuwig met een lach op het gezicht en een alpinopet op het hoofd (ik heb hem goed gekend en mocht hem 'opa Blom' noemen), struinde hij kunstbeurzen af. Van Olga kreeg hij de wind van voren toen hij meldde een zeldzaam afgodsbeeldje van Saleier op de kop te hebben getikt.

'Ach Chiel, kom me niet aan met afgodsbeeldjes van Saleier, wat een onzin, die zijn er niet. Voor zulke beelden moet je naar Midden-Celebes, diep in de Toradja-landen. Je bent gewoon in de maling genomen, lieve zwager. Ik hoop niet dat je er veel voor hebt betaald; zo ja, dan raad ik je aan de volgende keer eens bij mij te informeren, of bij Han.'

Chiel zou het als dorpsdominee slechts vier jaar uithouden. Hij koos toen voor 'het schoolmeesteren', ging filosofie en kunstgeschiedenis doceren aan de sociale academie in Hengelo en enkele jaren later aan de Academie voor Kunst en Industrie in Enschede. Hij schreef een prachtig boek over Salzburg en Salzkammergut, want daar lag zijn hart: bij barokpaleizen en Mozart, bij *Festspiele* en concerten in de openlucht.

Voor Noor braken moeilijke jaren aan. Haar kinderwens bleef onvervuld en het duurde lang voor ze dat malheur te boven kwam. Ik kan me voorstellen dat ze het in die periode pijnlijk vond om in de brieven van haar zus te lezen wat voor een heerlijk joch Boris was en de fut niet meer had om al die brieven te beantwoorden. Nora had pas weer vrede met haar bestaan toen ze twee jaar na de oorlog een meisje kon adopteren; mijn nichtje Katja.

22

Begin 1940 raakte Olga opnieuw in verwachting. Michiel werd op 23 oktober geboren. Vernoemd naar de boezemvriend van weleer: Chiel. Als een laatste saluut wellicht: zie je wel hoeveel we om je gaven en hoe jammer het is dat je niet naar hier gekomen bent. Maar het was niet mogelijk om de peetoom per telegram te verwittigen; de verbindingen waren in oktober 1940 definitief verbroken. Ook de grootouders konden niet bereikt worden, van het bestaan van een tweede kleinzoon hoorden ze pas in 1946.

Of het kind snel en makkelijk ter wereld was gekomen weet ik niet; door het wegvallen van de brieven als bron wordt alles een stuk duisterder. Wel deed in de familiekring het verhaal de ronde dat Michiel op een vroege ochtend ter wereld was gekomen en na zijn eerste kreetjes overal in de buurt hanen waren gaan kraaien. Een gunstig teken: hanengekraai voorspelt in de Makassaarse mythologie dat de pasgeborene een schrander joch zal worden. Michiel bleek in ieder geval begiftigd met een flinke dosis humor – mijn ouders betwistten van wie hij dat had. Hij zou uitgroeien tot een ontiegelijke dondersteen. Met Boris scheelde hij slechts anderhalf jaar. Een mooi stel, zo samen: Boris, de engel die algauw in een goedzak veranderde, en Michiel, de schelm, de doerak.

In de albums bieden de foto's uit 1940 en 1941 enig houvast dankzij de onderschriften. Michiel werd op 31 januari 1941 in de protestantse kerk van Makassar gedoopt door zijn vader, die ondanks de klamme hitte van het regenseizoen zijn zwarte toga droeg met de witte beffen, over een lange broek en een overhemd heen. Moeder en kind reden na de plechtigheid in de Fiat Balilla-Victoria, een leuk wagentje met open dak, naar huis. Ook deze baby had ijsblauwe ogen en haartjes wit als poedersneeuw. Olga droeg een witte jurk, een zwarte hoed met een witte pluim. Ik heb lang naar die hoed zitten kijken en naar die witte pluim. Een beetje vreemde hoge hoed voor de tropen, met smalle randen, ik moest even denken aan Wenen uit het fin de siècle. Ouderwets in ieder geval, chic en vredig, alsof het niet 1941 is. En misschien wilde Olga dat ook wel ontkennen, dat ze haar kind liet dopen in een wereld die in brand stond en weinig goeds voorspelde voor dat arme schepsel in haar armen.

De situatie in Azië verslechterde met de maand. Japan bleek een veelvraat, annexeerde stukken van China, bezette Korea en liet het oog op Indochina vallen. De speculaties over een Japanse interventie namen toe. Niemand in Makassar hield echter nog rekening met een bezetting van de Indische archipel, niemand kon zich ook voorstellen dat er een aanval op Pearl Harbor of iets dergelijks zat aan te komen, maar er hing dreiging in de lucht, dat was zeker.

Ik vermoed dat Olga en Han niet veel meer uitgingen en ook niet veel mensen meer thuis ontvingen. Hun aandacht ging naar Boris en Michiel uit, met wie ze zich eindeloos vaak lieten fotograferen. Michieltje kon beter tegen de zon dan Boris, ook later zou hij razendsnel bruin worden, terwijl Boris moest uitkijken niet levend te verbranden. Op foto's houdt Olga Boris consequent uit de zon. Zijn haren bleven krullen en waren eerder wit dan blond. Michiel had een moedervlek op de linkerslaap die algauw onder zijn haartjes verdween. Ik zou op dezelfde plek een even grote moedervlek krijgen. Hij was op dat ene continent geboren, ik op dat andere, maar dat was wat ons verbond.

Voor Han en Olga was het enige uitje in dat jaar 1941 dat ze *Gone with the Wind* zagen, de eerste kleurenfilm die in de bioscoop van Makassar draaide. Het post- en vrachtverkeer met de Verenigde Staten functioneerde kennelijk nog wel, door de lucht vermoed ik, de film werd in meer dan honderd Indische bioscopen uitgebracht, van Sumatra tot Nieuw-Guinea. Han eiste van iedere film de diepgang van een roman van Dostojevski en vond 'm niks, Olga had menige traan geplengd maar schaamde zich daar achteraf een beetje voor. Dat vertelde ze me althans dertig jaar later – ik ben vergeten wat de oorzaak van die gêne was. Misschien liet ze simpelweg haar emoties niet graag in het openbaar zien, terwijl haar ogen bij het minste of geringste traanden en ze boosheid of zelfs een lichte mate van ontstemdheid even slecht kon verbergen als blijdschap – ook dat heb ik van haar geërfd.

In plaats van naar Saleier reisde Han om de zoveel weken naar de bergen van Midden-Celebes. Op 'een bevel uit de hemel' had La Galiti zijn eiland verlaten en was naar de geboortestreek van Petta Barang getrokken, om daar diens werk voort te zetten. Hij had zijn zuur kijkende verloofde vooruitgestuurd naar Makassar en was toen zelf naar Celebes gekomen. Samen hadden ze een huis op palen in Soppeng betrokken, kort daarop zouden ze trouwen. Op een foto staat het meisje naast een trotse La Galiti en kijkt ze strak in de lens; hem schat ik voor in de dertig, haar nog geen zestien.

Net als Petta Barang werd La Galiti gedreven door verzet tegen de feodale, islamitische overheersing van het maatschappelijk en godsdienstig leven. In Soppeng, een onderafdeling van het voormalige vorstendom Bone, op honderdvijftig kilometer ten noordoosten van Makassar, vond hij gehoor onder kleine rijst-, pinda-, mais- en tabaksboeren, onder handelslui en landarbeiders afkomstig uit de kringen van de vrijen en – de grootste groep – onder voormalige slaven. Pas in 1912, toen het vorstendom Bone onder het gezag van Binnenlands Bestuur was komen te staan, was de slavernij opgeheven, en feitelijk waren de bevrijde slaven nog lang horigen van de Boeginese adel gebleven. Zo'n achthonderd Boeginezen wilden overgaan op het christelijk geloof, en La Galiti riep de hulp van Han in.

Heel veel sneller dan het op Saleier was gegaan, gaf het kerkbestuur in Makassar hem carte blanche, en stelde op zijn verzoek ook nog eens een hulpprediker aan, die hij zelf mocht uitkiezen. Syamsuddin Daeng Soreang, roepnaam Denso, kwam uit Saleier en was door Han opgeleid. 'Een fijn mens,' hoor ik mijn vader zeggen, en ik geloof dat ik hem ken, van gezicht althans, want aan het eind van de jaren zestig is hij een keer naar Nederland gekomen om zijn vroegere leermeester op te zoeken – hij was heel tenger en hij boog vaak.

Het gehele jaar 1940 en ook het volgende jaar reisde Han op en neer naar Soppeng. Het was een behoorlijk lange rit die hij met zijn chauffeur in de Fiat Balilla-Victoria aflegde, eerst zo'n 130 kilometer langs de kust naar boven, dan bij Takkalasi de bergen in, over een vaak blubberig pad. Soppeng ligt achter een bergketen van 1200 tot 1400 meter hoog.

Ik kan niet met zekerheid zeggen of Olga hem op deze reizen vergezelde. De dienstreizen naar Java en Bali maakte Han alleen, bij die naar Saleier was Olga eerst niet meegegaan, toen een lange periode wel, en later weer niet omdat de bootreis te duur was. Met de auto kon ze wel mee, in de eerste maanden van 1940 althans, en in het najaar van 1941 opnieuw, toen durfde ze Boris en de kleine Michiel wel een paar dagen bij de baboe achter te laten. Ik heb een foto waarop Olga en Han in de berm van de weg zitten terwijl Paulus een band van de Fiat verwisselt. Het moet al ergens in de bergen zijn, ze hebben allebei een tropenhelm op, voor het eerst in hun Indische jaren. De zon zal daarboven scherp zijn geweest terwijl het toch ook fris was, want Olga heeft een vestje op de schouders liggen en Han draagt een spencer onder het jasje van zijn pak.

Op een andere foto zijn ze vermoedelijk ook op weg naar Soppeng, met dezelfde Fiat, kenteken DD-159, waarvan het linnen dak alleen bij hoosbuien werd gesloten. Olga leunt tegen het portier en legt haar hoofd op Han's schouder, het moet een maand of acht na de geboorte van Michiel zijn, Olga ziet er tevreden uit, ofschoon ze het gretige en enthousiaste van haar eerste Indische jaren mist. Han zal haar hulp nodig hebben gehad in de contacten met de Boeginezen en zij zal zich opnieuw nuttig hebben gevoeld. Maar anders dan in de Toradja-landen had de zon in Soppeng de grootste moeite om door het wolkendek heen te breken. Het hele leven daar bleef iets mats en kleurloos houden, met uitzondering van de zijden stoffen die in de stad werden geweven – die waren fel van kleur en hadden de drukste patronen.

Op 22 december 1940, zie ik in witte letters bij een foto, wijdt Han de protestantse kerk van de Boeginese hoofdstad Watampone in, een maand later staat Han in toga voor de kerk van Sangalla, een kerk in de vorm van een Toradja-huis met een minstens tien lagen dikke rieten zeeg in het dak. Tezelfdertijd wordt een begin gemaakt met de bouw van een kerk in Soppeng.

Uit andere bronnen, onder andere een onderzoek dat rond het jaar 2000 door Indonesische doctoraalstudenten in Makassar werd gedaan, maak ik op dat onder de Soppengse christenen allerlei oude gebruiken en rituelen gehandhaafd bleven, sommige animistisch, andere islamitisch, of van beide een beetje. La Galiti en Denso voerden besnijdenissen uit, handhaafden de huwelijksrituelen van de Boeginezen, als ook de begrafenisrituelen en de ontginningsrituelen van sawa's en tuinen. Het verschil met voorheen was dat er geen islamitische geestelijken meer aan te pas kwamen en evenmin inlandse bestuurders en adathoofden, wat praktisch inhield dat er niet voor betaald hoefde te worden.

Formeel hadden zowel de islamitische geestelijken als de Boeginese bestuurders recht op vergoeding en een percentage rond de tien procent van de totale som van huwelijksgiften en erfenissen. Ze kregen ook een vast aandeel in de nalatenschap van de dode, zoals diens kleren, gereedschappen of een matras. Ook bij echtscheiding, verstoting of herroeping daarvan, bij schaking, het bijleggen van geschillen en genoegdoening in geval van belediging, moest een som betaald worden aan de imams en de andere voorgangers in het gebed. Het was die uitbuiting van de toch al op het bestaansminimum levende boeren en vissers waartegen La Galiti in opstand was gekomen. Zijn beweging was in feite een politieke en sociale bevrijdingsbeweging onder een religieuze vlag.

Zolang het koloniale Binnenlandse Bestuur niet ingreep, ageerde La Galiti niet tegen de Nederlanders, maar hij liet duidelijk blijken dat hij honderdtachtig graden zou draaien als ze zich ermee gingen bemoeien. 'Hij was een beetje een Che Guevara,' hoor ik mijn vader zeggen, 'maar dan wel een die zijn idealen dacht te kunnen bereiken met het christelijk geloof als wapen.'

In hoeverre dat geloof oprecht was, vroeg hij zich pas veel later af. Destijds ontkende Han in alle toonaarden dat er bij de massale bekering sprake zou zijn van sociale of economische belangen en wees hij 'bijbedoelingen' als niet bewezen van de hand. Getuige het onderzoek van de Indonesische doctoraalstudenten theologie bleef hij de bekering 'halsstarrig' zien als 'een individuele, spirituele en psychologische zaak'. Vanuit zijn zienswijze was dat volstrekt begrijpelijk, zo was hij immers zelf tot het christendom gekomen toen hij als zeventienjarige in de passietijd langs een kerk liep en, aangetrokken door het gezang, aarzelend naar binnen stapte. Dat je, als het om je overtuiging ging, iets volslagen zelfstandig kon beslissen, wilde er bij de Indonesische studenten echter niet in.

In het district Soppeng woonden honderdvijftigduizend Boeginezen. Dat achthonderd onder hen de islam de rug toekeerden en zich tot het christendom wendden, stelde niet veel voor, en toch maakte men zich zorgen in de streek. De geest van Petta Barang waarde nog altijd rond, sommige Boeginezen geloofden dat hij uit de dood was opgestaan en in de gedaante van La Galiti naar zijn geboortegrond was teruggekeerd om tot opstand op te roepen. De tegenbeweging kwam van de kaliefen, de imams, *chatibs* (predikers tijdens de vrijdagdienst), die door de Boeginese districtshoofden werden gesteund.

Vlak voor de Japanse bezetting publiceerde Denso, de hulpprediker, een vlammend protest. 'De districtshoofden tonen hun haat tegen het christendom niet alleen in particuliere zaken maar ook in allerlei verlangde diensten en herendiensten. De Mohammedanen moeten slechts vier kubieke meter steen per week verzamelen terwijl van de Christenen zes vierkante kuub wordt verlangd. Als er ongeregeldheden zijn ontstaan tussen Christenen en Mohammedanen, dan leggen de districtshoofden de fout bij de Christenen. Als een Christen een Mohammedaan bij het districtshoofd komt aanklagen, dan wordt de zaak niet onderzocht.'

Denso trad uit de schaduw van La Galiti en zijn ster rees snel in de Soppengse maatschappij. Hij hamerde voortdurend op het principe 'door Boeginezen voor Boeginezen', maar hij beheerste zelf het Boeginees niet en moest van tolken gebruikmaken. Han sprak de taal beter dan hij, maar het was vooral Olga die keer op keer te hulp schoot.

Ook in een ander opzicht was ze bij grootse idealen betrokken. Han had begin 1940 een tijdschrift opgericht, *Pertemuan* (Ontmoeting), waarin de verschillende volken en godsdiensten met elkaar in gesprek zouden gaan. Het bevatte bijdragen van zowel christelijke als islamitische Boeginezen of Makassaren, van katholieke, taoïstische of confucianistische Chinezen en van hindoe-Balinezen die op Saleier waren neergestreken. Vier volken, vijf geloven, of eigenlijk zes, want vanuit de Toradja-gemeenschap kwam een bijdrage over het animisme. De taal van het tijdschrift was het Maleis, en ik vermoed dat Olga, zeker in 1940, toen ze met een bolle buik op de galerij van haar huis in Makassar zat, menig artikel vanuit het Boeginees of het Makassaars in het Maleis heeft vertaald. Ik weet het niet zeker, want er is slechts één aflevering van het tijdschrift bewaard gebleven, het ligt in een archief in Makassar en ik heb het niet met eigen ogen kunnen zien. De andere nummers van *Pertemuan* zijn verloren gegaan – of misschien is het slechts bij één of twee afleveringen gebleven. Het initiatief werd door sommigen hogelijk geprezen en door anderen, met name door Ambonezen, de grond in geboord – zendelingen moesten in hun ogen gewoon het protestantse geloof verspreiden en zich niet met andere godsdiensten inlaten. Han zag het in een veel breder verband. In Europa voltrok zich *der Untergang des Abendlandes*, de toekomst zou aan Azië zijn, als de verschillende godsdiensten van het continent tenminste begrip voor elkaar konden opbrengen en de gelovigen elkaar niet in de haren zouden vliegen. Hij gaf zijn tijdschrift een Makassaarse spreuk mee: 'Zo wij tezamen met onze prauwen zullen zeilen; dat wij ons dan niet te ver van elkaar verwijderen, dat dan onze zeilen elkander toewuiven.' Ik kwam diezelfde spreuk, dik onderstreept, tegen in het leer- en leesboek van Olga, de vertaling is van dr. Matthes.

Bij alle contacten met Boeginezen en Makassaren speelde

Olga een sleutelrol, ze zal zich, sterker nog dan voorheen, nuttig hebben gevoeld. In het fotoalbum zie ik dat ze in juli 1941 samen met Boris en de kleine Michiel op weg is naar Soppeng en in een pasanggrahan logeert. Ze is pas in september weer in Makassar terug. De tien weken in het Boeginese bergland zullen haar band met de taal en het volk hebben verstevigd. Ik zie haar te paard, alleen of in gezelschap van Han. Op één foto zijn ze zelfs met zijn drieën, zit de kleine Boris voor zijn vader op het paard. Olga heeft een zonnebril op waarvan de kleine ronde glazen tegen wenkbrauwen en konen drukken. Op geen van de ruiterfoto's draagt ze een helm, hooguit een sjaal, onder de kin vastgeknoopt.

Op de foto's van Michiels eerste verjaardag in Makassar is ze duidelijk moeder. Haar andere leven begon, en dat moet haar lang niet altijd zijn meegevallen. Ze had de hulp van de baboe en de kok, maar toen die wegviel, bleef er weinig tijd voor haarzelf over. Een kleine veertig jaar later zou ze tegen de jongste van haar drie schoondochters zeggen: 'Ik had ook heel goed zonder kinderen kunnen leven. Je wordt toch iemand anders met kinderen, je eigenheid gaat verloren, je bijzonderheid verdwijnt, je wordt moeder, en al is iedereen moeder op een andere manier, alle moeders lijken op elkaar.'

23

Han werd gemobiliseerd toen de Japanse vloot op 20 januari 1942 naar Celebes opstoomde. De commandant van het Nederlands-Indische Leger besloot het merendeel van zijn troepen in de bergen van Midden-Celebes terug te trekken; er moest een geestelijk verzorger mee om de doden te begraven en de gewonden bij te staan. Van alle zendingspredikanten was Han de enige die het gebied rond Soppeng goed kende, hij was bovendien de jongste. Hij was, zoals hij het zelf later uitdrukte, de klos.

Op 9 februari gingen tweeduizend Japanse mariniers aan land op ongeveer 25 kilometer ten zuiden van Makassar. Het duurde nog twee weken voor ze de verdedigingslinie Mario Tjamba, hoog in de bergen, hadden bereikt. De gevechten duurden slechts enkele dagen maar waren ongekend fel. Zeker twintig militairen sneuvelden, zonder uitzondering Indische jongens die waren opgeroepen om hun militieplicht bij de KNIL te vervullen. Omdat er geen tijd was om hen te begraven, werden ze voorlopig in een schuur gelegd. De Japanners overmeesterden het gebied, de militairen werden gevangengenomen. Met één man wisten ze geen raad. Hij droeg geen uniform, zei dat hij een geestelijke was, maar niet in dienst van de krijgsmacht. Na het verhoor werd hij opgesloten in het lijkenhuis. Ze lieten hem daar twee dagen en nachten zitten terwijl de maden uit de lijken kropen en de stank onverdraaglijk was. Han had zijn eerste oorlogstrauma te pakken.

La Galiti en Denso werden ook gevangengenomen maar na enkele weken weer vrijgelaten, op voorwaarde dat zij zich iedere maand bij de Japanse districtscommandant zouden melden en zich van politieke activiteiten zouden onthouden. Ze gebruikten de oorlog om hun positie onder de Boeginezen te verstevigen. In een boek uit de inboedel van mijn ouders trof ik een getypte verklaring aan, waarin het La Galiti werd toegestaan om als *goeroe Indjil* (inlandse godsdienstleraar) het geloof te verkondigen in dienst van de Indonesische Protestantse Kerk. Ondertekend door S. Mijahira, de privésecretaris van de gouverneur van Celebes, op 13 juni 1942. Die gouverneur was de eerste Makassaarse gouverneur van Celebes.

Uit de rapporten komt ds. Denso naar voren als 'een jonge, zeer begaafde en enthousiaste werker'. Alle oorlogsjaren bleef de beweging groeien, in 1945 waren er 2500 gedoopten, driemaal zoveel als aan het einde van de jaren dertig.

Na de oorlog gedroeg Denso zich als een radja en veranderde La Galiti drie keer van Kerk: hij werd lid van de pinkstergemeente, bekeerde zich tot het rooms-katholicisme en keerde terug naar de protestantse zendingskerk. Voor zijn volgelingen maakte het niet uit; hij bleef trouw aan het eigen volk, bleef wederzijdse hulp en loyaliteit koesteren, eerlijkheid en respect voor de vaderen. De precieze geloofsrichting deed er niet zoveel toe. Vertrouwenwekkend was ook dat hij toegangsbewijzen tot de hemel bleef verkopen, amuletten die de bezitter onkwetsbaar of onzichtbaar maakten en dat hij tegen betaling de toekomst bleef voorspellen. En dat hij zich onberispelijk bleef kleden, ofschoon hij na de oorlog de voorkeur gaf aan donkere kledij – het wit deed te veel aan de kolonialen denken.

Olga was met de kinderen in Makassar achtergebleven. Vanaf zondag 8 februari zat ze 's avonds in het donker. Op last van de Gouverneur-Generaal in Batavia paste het KNIL in de buitengewesten de politiek van de verschroeide aarde toe. Toen de Japanse vloot Makassar naderde, vernielde een speciale eenheid de loodsen bij de haven, de gehele handelswijk, het waterleidingsbedrijf en blies alle bruggen op. Leden van het Vernielingskorps renden de stad door, stichtten overal brand, vernietigden auto's, winkels, pakhuizen. Als laatste ging de elektriciteitscentrale de lucht in, waardoor de lichten op zondagavond 8 februari langzaam doofden, vlak voor Japanse commando's de stad innamen. De Japanners waren zo razend over de vernielingen dat ze onmiddellijk met het plunderen van huizen begonnen in de Europese wijk.

Echt beseffen wat haar te wachten stond, deed Olga geloof ik nog niet. Toen enkele weken later een Japanse legervrachtwagen de Tromplaan binnenreed, dacht ze niet onmiddellijk aan arrestatie van haarzelf en de kinderen.

Ze kreeg tien minuten om de hoognodige spullen te pakken. De laatste die zij zag toen de auto wegreed was de oude Markus, die haar toeriep dat hij goed voor de tuin zou zorgen. Alsof ze voor een tijdje op vakantie ging.

Zeshonderdvijftig mannen, onder wie Han, en jongens van boven de twaalf jaar, Europeanen, Ambonezen, indo's, werden naar het krijgsgevangenkamp in de havenstad Paré-Paré overgebracht. De Ambonezen moesten boeten voor hun onvoorwaardelijke trouw aan de kolonisator en hun massale indiensttreding bij het leger en de politie. Onder de gevangenen bevonden zich de bisschop van Makassar, een twintigtal priesters en missionarissen en dertig predikanten, godsdienstleraren en zendelingen. De kampcommandant, sergeant Yamadji Tadashi, had een ziedende hekel aan geestelijken en tuigde mijn vader met de zweep af omdat hij hardop had gebeden bij een ernstig zieke in de ziekenbarak. Sergeant Yamadji zou in maart 1943 commandant worden van het pas opgericht kamp Kampili, waarnaar mijn moeder en mijn broers waren overgebracht. Het enige wat mijn ouders van hun oorlogsjaren gemeen hadden was dat ze onder de grillen van dezelfde commandant hadden gezucht.

Zestienhonderd vrouwen, meisjes en kinderen onder de twaalf jaar, ook weer Europeanen, Ambonezen, indo's, werden in een provisorisch kamp nabij Malino opgesloten, en twaalf maanden later in Kampili, een voormalig sanatorium voor tbc-patiënten. Het kamp van Malino bestond uit vijftig bungalowtjes van een voormalige vakantiekolonie, het kamp was overvol en daardoor al snel smerig en onhygiënisch, maar het lag op 1200 meter hoogte, waardoor het er ook overdag nooit smoorheet werd. En, psychisch gezien niet onbelangrijk, er stond geen prikkeldraad rond het kamp. De ellende begon voor de gevangenen in het tweede oorlogsjaar, toen ze naar Kampili werden overgebracht.

Kampili – ik heb de plek in 1979 bezocht, meer moeras dan

land, klam als stoom en vergeven van de muskieten – lag zo'n twintig kilometer ten zuidoosten van Makassar, aan de zuidoever van de rivier de Berang, een paar kilometer ten oosten van Soenggoeminasa. Het kamp telde twaalf loodsen van 6 bij 60 meter, later werden er nog vier bij gebouwd. In iedere barak waren rond de honderd vrouwen en kinderen ondergebracht. Vrouwen tussen de achttien en zestig jaar moesten iedere dag op de nabijgelegen sawa's of in de moestuin werken, behalve op zondag. Pure dwangarbeid, om de rijst en de groenten te telen voor de geïnterneerden. Als de oogst tegenviel, leden ze honger. De jap zei dan dat ze niet hard genoeg hadden gewerkt.

De jap – ik heb mijn moeder nooit anders dan over 'de jap' of 'de jappen' horen praten, mijn vader evenmin. Hun lankmoedigheid hield op toen ze door de jap van elkaar werden gescheiden en hun gezin uiteen werd gerukt. Mijn vader maakte de kleuterjaren van zijn twee oudste zoons niet mee, en dat heeft hij de jap nooit vergeven.

24

In de kraton van Yogyakarta herinnerde ik me dat mijn moeder een hekel aan gamelanmuziek had gekregen. Ik herinnerde het me met een schok. In het paleis van Yogya, dat nog altijd door de sultan, zijn omvangrijke familie en duizenden bedienden wordt bewoond, klonk de hele dag gamelanmuziek, gespeeld door een orkest dat door brede bamboe rolgordijnen aan het zicht was onttrokken. Ik strekte me op een mat uit en luisterde, niet een kwartiertje maar een hele middag. De muziek maakte me niet alleen volkomen rustig maar wiegde me zonder het misschien te willen naar een lang verloren tijd. En opeens herinnerde ik me dat mijn moeder de radio had uitgezet toen een gamelanorkest speelde.

Wanneer zal het geweest zijn? Ik was een jaar of twaalf, denk ik, begin jaren zestig dus. In die tijd ging het op de radio vaak over Indonesië want Nederland voerde zijn laatste koloniale oorlog: de strijd om Nieuw-Guinea, dat nog in Nederlandse handen was. De Indonesische vloot stoomde op naar de wateren rond het eiland, het Indonesische leger dropte para's, Soekarno dreigde. Werd die muziek als onderdeel van een reportage gebruikt? Ik weet het niet meer, ik zie alleen de hand van mijn moeder die met een fel gebaar de aan-uitknop van de Philips-stereoradio indrukte. Ik begreep het niet, ze had toch zoveel van Indië gehouden? Ja, bedacht ik in de kraton van Yogya, juist daarom. En ik dacht er direct achteraan: het is ook muziek die je, als je niet in de juiste stemming of, meer nog, in de juiste omgeving bent, vrij snel op de zenuwen gaat werken.

Op hetzelfde moment herinnerde ik me wat mijn vader me vlak voor zijn overlijden had verteld, over de dag dat Olga was gearresteerd en afgevoerd naar het kamp.

De vrachtwagen stopte op 4 maart 1942 voor het hek van haar huis aan de Tromplaan, een lommerrijke laan met weinig verkeer, waardoor zwaar motorgeronk extra opviel. Het was woensdag, in de middag, kort na een regenbui... Tien minuten kreeg ze de tijd, tien minuten om het hoogstnoodzakelijke bij elkaar te graaien. 'Paspoort,' schreeuwden de Japanse soldaten, of iets wat daarop leek. Tien minuten om de kinderen aan te kleden en nog wat extra kleren mee te nemen. Ondergoed, een hemdje voor de nacht, een hoofddoek tegen de zon voor haarzelf. Een stuk zeep, een tandenborstel, ook daar dacht ze nog aan. En het leren tasje, met daarin haar trouwboekje en twee, drie foto's...

Iemand duwde haar de vrachtwagen in, ze besefte niet wie. Met de kinderen stond ze in de open laadbak tussen twintig, dertig andere vrouwen en kinderen in. Olga hield Michieltje op de arm vast, hij was nog geen anderhalf jaar oud en kon nog maar net een paar stappen zetten zonder om te vallen. Boris was inmiddels drie, hem had ze half tussen haar benen geplaatst zodat hij niet platgedrukt zou worden door de andere vrouwen en kinderen. De vrachtwagen reed weg, voorafgegaan door een Japanse legerauto, gevolgd door twee Japanse marechaussees op motorfietsen. Een straat verderop werden nog twee, drie vrouwen uit hun huis gehaald, de laatste met een meisje dat zo bleek zag dat ze nooit de zon leek te hebben gezien. Een baby huilde, de moeder probeerde hem te kalmeren, verder geen stemmen of commentaar. Ze reden richting... ja, waarheen?

De Hospitaalweg af, de Marosweg, langs hun vroegere huis, de tuin, de gaanderij waaraan gaas hing tegen de muggen en de zon, gaas dat zij er ooit had opgehangen...

Even buiten het centrum van Makassar minderde de vrachtwagen vaart en wachtte tot een tweede vrachtwagen dichterbij was gekomen, en een derde, een vierde. Toen ging het in konvooi verder oostwaarts, Olga herkende de weg naar Malino, een vakantieoord in de bergen, zo'n zeventig kilometer ten oosten van Makassar. De vrachtwagens reden langzaam, op ruime afstand van elkaar. Af en toe klonken de snerpende fluitjes van de motoragenten, de Japanse marechaussees.

Ze passeerden een kampong, een vrouw in de vrachtwagen, die niet ver van haar af stond, gilde. Niemand begreep waarom, tot een tweede vrouw een pijnkreet slaakte.

Olga rekte zich uit en zag langs de kant van de weg een menigte Makassaarse en Boeginese vrouwen. Ze joelden, pakten stenen uit de berm, mikten. De vrachtwagen werd met stenen bekogeld.

Het gaf Olga zo'n schok dat ze het na de oorlog niet direct aan mijn vader vertelde. Pas toen hij van anderen had gehoord dat vrouwen en kinderen op weg naar het kamp het doelwit van de lokale bevolking waren geworden, gaf ze het toe.

Ze zei: 'Eerst zei ik tegen mezelf dat die stenen niet voor mij waren bestemd. Op den duur viel dat niet meer vol te houden. Die stenen waren óók voor mij.'

Ze had er alle dagen in het kamp aan gedacht. Ze had geprobeerd zich de gezichten van de stenengooiers voor de geest te halen. Kende ze enkele van die vrouwen? Ongetwijfeld. Maar waarom had ze zich niet één gezicht kunnen herinneren? Waarom hadden haar ogen niets precies willen vaststellen of registreren?

Stenen en steentjes, joelend geworpen. Ja, dat geluid, dat intense plezier, herinnerde ze zich. Olga vond het erger dan de straffen en de vernederingen van de jappen. De kampcommandant en de bewakers behoorden tot de vijand, zij spraken en blaften in een haar onbekende taal. Hun haat was een opgelegde, zij kregen de opdracht de Europeanen te mishandelen en uit te hongeren. Met de Makassaren en de Boeginezen was het anders. Niemand had hun opgedragen stenen te gooien, niemand had hen opgehitst, tenminste, dat kon zij zich niet voorstellen. Misschien was het als een pesterijtje begonnen maar opeens was het menens geweest. Steentjes, stenen met scherpe randen.

Ze vroeg zich de rest van haar leven af wat ze fout had gedaan.

Toen mijn vader het me vertelde, was mijn moeder al jaren dood. Maar ik hoorde via zijn stem de verbijstering in haar stem. Haar stem van destijds. De stem van Olga.

Op de terugweg naar Jakarta maakte ik een stop in Bogor. Toch nog even een stukje lopen in de Kebun Raya, zei ik tegen de chauffeur. Hij vond het best, kon hij eindelijk een kretek roken, zo'n naar kruidnagel geurende sigaret.

Laatste bezoek aan de botanische tuin, laatste indruk van Java, ik had nog een lezing in Jakarta te geven en de dag daarop zou ik terugvliegen naar Amsterdam. 'Voorbij, voorbij,' mompelde ik, 'voorgoed voorbij.'

In de kraton van Yogya had ik besloten niet meer naar Indonesië te zullen terugkeren. Het was opeens bij me opgekomen: niet meer terug om niet langer op de herinneringen van mijn ouders en mijn broers te teren. Indië was hun geschiedenis, hun verleden, hun droom die in een nachtmerrie was geëindigd, hun hoogstpersoonlijke trauma. Ik wilde op zoek naar de lege pagina's die ik met mijn eigen ervaringen, inzichten en dwalingen kon vullen, in plaats van door de vensters naar buiten te kijken in een huis dat ik nooit had bewoond.

Ik liep de hortus in en hoorde in gedachten mijn moeder over de vliegende honden vertellen. In de plantentuin van Buitenzorg hingen ze aan de dikste takken van de bomen.

Olga had aan het begin van haar Indische tijd nog geen fobie voor honden, die zou ze pas in Kampili krijgen – een beet van een dolle hond betekende daar je dood omdat er geen serum was. Tot twee keer toe was ze, met de jongens onder de arm, voor hun en haar leven rennend, aan een beet ontsnapt. Maar van die vliegende honden gruwde ze al in 1935.

Ik moet bekennen dat ik schrok toen ik zo'n reuzenvleermuis vlak voor mijn neus zag hangen. Kalongs heten ze in het Bahasa. Hun kop doet inderdaad aan die van een hond denken, een bruinharige hond met een spitse snuit.

Bij de ingang van de tuin kon je voor één dollar zo'n vliegende hond of, betere naam nog, 'vleerhond' aan je arm laten hangen. Het was niks voor mij maar de venter was opdringerig en de kalong greep zich al aan mijn onderarm vast voor ik nee had gezegd. De Javaan lachte zich een ongeluk om mijn schrik.

Een zwarte zak met aan de onderkant een hondenkop.

Erg zwaar woog de vliegende hond niet, hooguit een kilo. Maar de afdrukken van zijn klauwen stonden een maand later nog in mijn huid, en die kop, die spitse, gemene kop, met vuurrode ogen, zou me nog vele nachten aankijken.

25

Van na de oorlog heb ik slechts één brief van Olga. Gedateerd 10 februari 1946, bijna een halfjaar nadat ze was vrijgelaten uit het kamp. De brief is twaalf kantjes lang en ziet er door de dubbelgevouwen pagina's uit als een boekje. Met opzet, schrijft ze aan haar zus, 'ik heb je zoveel te vertellen en ik wil dat je niets overslaat'. Het handschrift is regelmatig, schuin, overal leesbaar; nergens een doorhaling of een inktvlek.

Ze heeft het overleefd. De kinderen hebben het overleefd. Han is terug. Die drie zinnen komen talloze malen terug, al het andere doet er niet erg toe. 'Ik heb het overleefd. De jongens hebben het overleefd. Han is uit het kamp Paré-Paré teruggekomen, met een volle rode baard, met schurft. Maar levend.'

Mager is ze geworden, ze weegt nu negenenvijftig kilo; toen ze in augustus bevrijd werd, was dat negenenveertig geweest. Ze had het kamp niet direct mogen verlaten, ze had eerst moeten aansterken. Pas in de tweede week van september kon ze terug naar Makassar. Toen was ook duidelijk waar ze heen kon, naar een huis in dezelfde buurt maar niet haar huis aan de Tromplaan, want dat was door een andere familie ingepikt.

Op een middag had haar vroegere baboe aan het hek gestaan. Samen waren ze naar de Tromplaan gelopen en in de tuin had Magda de plek aangewezen waar ze de naaimachine en enkele andere waardevolle spullen had begraven. Van achter uit de tuin was haar vroegere tuinman Markus gekomen; hij had de in zeildoek verpakte naaimachine opgegraven en broches, kettingen, armbanden en een zilveren haarborstel, die Magda in een juten zak had gestopt. Magda was de Japanse militairen voor geweest die direct nadat de bewoners in maart '42 waren weggevoerd, de huizen in de Europese wijk hadden doorzocht, boeken en meubelen in brand hadden gestoken en de waardevolle spullen hadden meegenomen. In haar eentje had ze een diep gat gegraven achter een paar bamboestruiken in een donkere hoek van de tuin. 'Het erge is dat ik haar niet opnieuw in dienst kan nemen, we hebben niet veel meer en kunnen er nauwelijks van rondkomen. Ze kon dat wel begrijpen maar toen ze zei dat ze iedere dag aan Boris en Michieltje had gedacht en zo vreselijk naar de kinderen had terugverlangd, brak mijn hart. Ik heb haar de naaimachine gegeven, hoewel hij me goed van pas was gekomen, want een beetje fatsoenlijke kleren hebben we niet meer.'

Olga is veranderd, haar spontaniteit is verdwenen, haar uitbundige toon. Als ze zich even laat gaan, roept ze ogenblikkelijk daarop het kamp weer in herinnering.

Het is vol in het huis dat ze uiteindelijk toegewezen heeft gekregen. Met hoevelen wonen ze er? Acht? Tien? Twaalf? Ze geeft geen aantallen, schrijft alleen: 'Aan alles is gebrek, ook aan woonruimte.'

Een dag eerder zijn vier bewoners vertrokken. Al dagen

gingen geruchten dat er een boot van Makassar naar Tandjong Priok zou varen en vandaar naar Holland. Vrijdagmorgen kwam eindelijk het officiële bericht dat de Tegelberg op zaterdagmorgen zou vertrekken. Om vijf uur 's morgens begon de inscheping. De evacués moeten zelf de bagage aan boord brengen. 'Ze liggen gewoon op bultzakken in de ruimen en moeten met hun bordje in de rij om eten te halen. In Batavia komen er nog duizend bij.'

Ik zoek na of de Tegelberg een oud schip is. Nee, het was een zusterschip van de Willem Ruys, die ik nog vaak heb zien varen als ik samen met mijn vader boten ging kijken, op zaterdagmiddag, op een steigertje aan de Nieuwe Maas, bij de uitgang van de Petroleumhaven bij Pernis. Zwarte kiellijn, lichtgrijze romp, witte bovenbouw, twee zwarte schoorstenen. De Tegelberg had er maar één, wel van dezelfde afmetingen. Mooie, stevige pijp. Het schip was in 1938 gebouwd op een Amsterdamse werf en was voor de K.P.M. gaan varen. De Willem Ruys – dat weet ik van mijn vader, hij was een encyclopedie als het om schepen ging – kon niet meer vóór de oorlog afgebouwd worden, bleef zeven jaar op een werf in Vlissingen staan en liep pas in 1946 van de helling. In februari van datzelfde jaar repatrieerde de Tegelberg tweeduizend Indische Nederlanders naar Nederland – normaal bood het schip plaats aan 654 passagiers. Terug naar Batavia nam het veertienhonderd militairen mee die aan de politionele acties zouden deelnemen; vanaf 1947 voer het weer in lijndienst tussen het Verre Oosten, Zuid-Afrika en Zuid-Amerika.

Olga geeft het schip in haar brief een verkeerde naam. Het enige wat voor haar van belang is, is dat Dien Verdenius aan boord zal gaan, en wat maakt het dan uit of het schip Tegelenberg of Tegelberg heet. Samen met Han is ze naar de kade gegaan om afscheid te nemen van Dien en haar twee kinderen. Het viel haar moeilijk. In Malino waren ze al samen geweest. 'Zelfs drie dagen samen in de gevangenis, voor het clandestien schrijven van een briefje aan onze mannen.' Drieënhalf jaar hadden ze in dezelfde barak geslapen, drieënhalf jaar lang hadden ze zich iedere morgen met de kinderen naar het appel gehaast. Om zeven uur Tokyotijd, halfzes in het kamp. Wie te laat kwam, kreeg zweepslagen. Of moest de hele morgen in de zon staan. Aan het laatste kon je een zonnesteek overhouden, aan het eerste slechts een striem die een paar dagen op je rug brandde.

Voordat Dien de loopplank op ging, keek ze nog één keer om. Acht jaar geleden was ze hier aangekomen, samen met haar man; nu vertrok ze met haar twee kinderen, die hun vader nauwelijks hadden gekend. Olga zwaaide, maar Dien zwaaide niet terug. Drieënhalf jaar hadden ze elkaar iedere morgen en iedere avond voorgehouden dat ze hun man eens zouden terugzien. Maar Han Verdenius was niet teruggekomen. Haar eigen Han had het Dien moeten vertellen op de avond dat hij uit het kamp in Paré-Paré was teruggekeerd. Dysenterie, in het voorlaatste oorlogsjaar, in november '44.

'Ze zag me waarschijnlijk niet zwaaien, door haar tranen heen. Het was een droevig afscheid voor velen, die Indië waarschijnlijk nooit terug zullen zien en er hun mooiste jaren hebben doorgebracht. Dien nam afscheid van een land waar haar man begraven ligt. Dat is iets anders dan afscheid nemen van een land waarvan je houdt.'

Han Verdenius was de enige vriend van mijn vader geweest in het kamp. Ze waren even oud, hadden allebei theologie gestudeerd, waren allebei in Makassar gestationeerd geweest, hadden drie lanen bij elkaar vandaan gewoond, hadden allebei twee kinderen. Het verschil: de ene Han overleefde de oorlog, de andere niet.

Het is stil in huis nu, treurt Olga. Vier mensen weg. Ze hadden het echt gezellig gehad, ondanks alle droefheid en moeilijkheden. Voor Dien viel het niet mee: maanden zitten wachten tot je kon vertrekken in de wijk waar je vroeger met je man hebt gewoond en waar je gelukkig bent geweest.

Terwijl ik deze regels lees, zie ik haar voor me en hoor haar stem. Tante Dien kwam het laatste weekend van iedere maand bij ons thuis in Rhoon logeren, eerst met haar dochter en zoon, later meestal alleen. Ze woonde aan de andere kant van het land, in Zwolle. Mijn moeder belde iedere week met haar. De band met Dien was minstens zo sterk als met haar zus Nora.

Toen mijn moeder overleed, kwam tante Dien niet naar de begrafenis. Ze had – begrijp ik nu uit de brief van Olga – dezelfde houding als toen ze destijds de loopplank in Makassar op liep. 'Ik kan geen afscheid van je moeder nemen,' zei ze me door de telefoon. 'Je begrijpt het misschien niet, maar ik kan niet leven met de gedachte dat ze er niet meer is.'

Wat me verbaast in Olga's enige naoorlogse brief is dit: 'De jongens zijn gewoon gek op Han en vinden alles prachtig wat pappie doet. 't Is ook een hele ontdekking om er ineens een pappie bij te krijgen als je al die jaren alleen een moeder hebt gehad. Ik hoop nog altijd eens op een dochter.'

Ik had dus een meisje moeten zijn! Vreemd toch om dat soort dingen op oud vergeeld papier te lezen, alsof je de weg terug volgt die weliswaar naar jezelf heeft geleid maar die ergens anders had moeten uitkomen.

Maar wat me nog meer verbaast is het beeld dat wordt geschetst van de gezinshereniging. Mijn broers waren natuurlijk nieuwsgierig naar hun vader, Boris had nog slechts een vage herinnering aan hem, aan hoe hij er voor de oorlog had uitgezien, Michiel kende hem alleen uit de verhalen die zijn moeder hem in het kamp had verteld. Ze keken reikhalzend naar hun vader uit, maar algauw vonden ze hem met zijn rode baard en zijn schurft een vreemde snuiter en weigerden ze zijn autoriteit te aanvaarden. Misschien was dat niet meteen na de hereniging zo, ofschoon Boris en Michiel me altijd hebben verteld dat ze op een afstand van die man bleven, alsof hij niet alleen schurft had maar ook nog eens stonk, en dat ze niet aan hem konden wennen, ook omdat ze zich jaren achtereen een stoere, stevige, gespierde man hadden voorgesteld en plotseling tegenover een lichamelijk wrak stonden. Ze deden alles wat hun moeder hun vroeg, automatisch, zonder te morren, en bleven doof voor de simpelste verzoeken van hun vader. Olga moet dat hebben opgemerkt maar wendde bij haar familie thuis liever een gelukkig weerzien voor.

De jongens leken het kamp al bijna te zijn vergeten. Althans, zo stelde Olga het voor, terwijl ze heel goed wist dat dat schijn was. Boris zou zijn hele leven lang beweren dat het allemaal weinig indruk op hem had gemaakt, behalve dat de bamboe speelgoedauto die een mevrouw uit loods 11 voor hem had gemaakt bij het Amerikaanse bombardement in vlammen was opgegaan. Voor de rest zei hij nauwelijks herinneringen te hebben, maar zelfs veertig jaar later greep hij zijn beide kinderen beet en dook onder de eetkamertafel wanneer er een straaljager laag overvloog. Kampili werd op 15 en 17 juli 1945 grotendeels verwoest door twee bombardementen met napalm van Amerikaanse vliegtuigen die het burgerkamp voor een Japans legerkamp hielden. Beide keren had Olga de jongens onder de arm genomen en was naar de loopgraven gesneld, beide keren was ze in de loopgraaf boven op mijn broers gaan liggen om hen te beschermen tegen napalm en bomscherven. Boris zou zijn hele leven lang aan ontelbare angsten lijden maar dat nooit toegeven. Hij had drie pakjes sigaretten per dag nodig om zijn zenuwen tot bedaren te brengen.

Bij Michiel werd rond zijn veertigste jaar vastgesteld dat hij een ernstig trauma had opgelopen omdat hij in het kamp gezien had hoe drie vrouwen werden opgehangen. Ik liep bij de Nederlands-Indische afdeling van het Rijksinstituut voor Oorlogsdocumentatie alle archieven op Kampili na, maar kwam dat feit nergens tegen. Wel ontdekte ik dat Michieltje onder het prikkeldraad door was gekropen en uit het kamp ontsnapt was. Op zijn vierde jaar was hij al een dondersteen. Tussen de rijstvelden door holde hij op zijn blote voetjes naar een kampong, een Makassaarse vrouw ontfermde zich over hem, zei dat ze hem moest terugbrengen naar het kamp omdat zijn moeder anders opgehangen zou worden. Die angst is hem tot aan zijn laatste snik blijven beheersen en heeft zijn innerlijke rust de rest van zijn leven verstoord. In zijn nachtmerries zag hij zijn moeder hangen.

Mijn moeder overleed in 1983 aan de gevolgen van een hartziekte die ze in het jappenkamp had opgelopen. Van de chronische kwaal, die met hartkloppingen en duizelingen gepaard ging, had ze nooit iets laten merken, ook niet aan mijn vader. Van mijn broers hoorde ik dat haar benen in de laatste oorlogsmaanden 'helemaal openlagen'. Boris, zes jaar toen, en Michiel, vierenhalf, moesten in de rij voor de gaarkeuken om eten voor haar te halen; zelf kon ze geen stap meer verzetten. De ontstekingen, door haar open benen ontstaan, moeten haar hart hebben aangetast; alleen onze dorpsdokter en een cardioloog in Rotterdam wisten ervan. In de la van haar nachtkastje vonden we het medicijn dat ze iedere avond voor het slapengaan moest innemen. Het is me wel bijgebleven dat ze iedere avond met een glas warme melk naar bed ging. De melk kalmeerde kennelijk de maagpijn die de hartpillen haar gaven.

Geen woord over 'open benen' in haar naoorlogse brief. Alleen: 'Ik heb het overleefd, de kinderen hebben het overleefd.' En: 'Han is terug.'

Maar hoe ging het tussen hen? Waren ze meteen weer vertrouwd met elkaar? Voor de oorlog gaf Han haar kleine attenties. Van iedere conferentie op Java kwam hij met een cadeautje voor haar terug, een broche van Djokja-zilver, 'en dat is heel wat mooier dan het Makassaarse zilver'. Of een arm band. Hij was zorgzaam voor haar, lief, aandachtig. Zij vond het heerlijk om met drie bevriende stellen te gaan eten in een Chinees restaurant of om ijsthee te drinken op Het Platje bij de Zeilvereniging, de ideale plek om 's avonds uit te blazen, direct aan zee; hij vond de avonden alleen met haar thuis het summum van geluk, maar hij gunde haar graag een plezier, ofschoon hij – weet ik uit een brief van Olga – niet erg van Chinees eten hield en nooit thee dronk, ook geen ijsthee. Ik heb de indruk dat hij na de oorlog veel meer met zichzelf bezig was. Zij had in het kamp voor de kinderen moeten zorgen en nauwelijks een minuutje voor zichzelf gehad, hij had dwangarbeid moeten verrichten, balen rijst in schepen geladen, en zich stap voor stap afgevraagd hoe hij zijn schaarse krachten moest verdelen over de dag. Als je zolang alleen maar met jezelf bezig bent, laat dat sporen na.

Ze schrijft er niets over. Het vertrouwen met haar zus is misschien ook weg, het is inmiddels elf jaar geleden dat ze elkaar voor het laatst hebben gezien. Nora was nog altijd kinderloos, ook dat maakt het moeilijk om over haar – zoals ze het voor de oorlog noemde – huwelijkse staat te vertellen. Ze vraagt om orgelmuziek, een veiliger onderwerp. Ze heeft niets meer en de muziekboeken van de kerk zijn door de jap verbrand. Zich tot haar zwager richtend ('Chiel, je weet wat ik bedoel') zou ze graag weer Worps *Psalmen en Gezangen* hebben. Ik weet niets van orgel, zoek het na en zie dat Worp onder organisten in reformatorische kring een begrip is, zijn koraalboek bevat vierstemmige zettingen bij de melodieën van de Geneefse psalmen, vergezeld van voor-, tussen- en naspelen. Ook zou ze graag het tweede en derde deel van Harper hebben, een ander bekend orgelboek, Engels, het eerste deel heeft ze teruggevonden. 'En voor mezelf graag wat voorspelen en een selectie Bach, Chiel, je weet wat ik aankan.' Ze raadt aan de bladmuziek mee te geven aan iemand van de zending, 'er komen nog regelmatig mensen deze kant op', om per luchtpost te verzenden zijn de muziekboeken te zwaar.

Olga gaat er kennelijk van uit dat ze nog vele jaren de kerkdiensten in Makassar, Soppeng en Sangalla zal begeleiden. En trouwens niet alleen in de protestantse kerk zal spelen: 'De bisschop heeft me gevraagd of ik niet af en toe in de Kathedraal wil komen oefenen, in de Kathedraal van het Heilig Hart van Jezus, hier in Makassar, halverwege de middag, als er zo goed als niemand in de kerk is, want hij houdt zo van Bach en zijn organist kan er niks van.'

Op de piano begeleidt ze 'het koortje van Russische vrouwen met wie ik in het kamp zong'. Over dat koortje had ze me weleens verteld, er waren nogal wat Russische emigranten naar Celebes gekomen. Ze wil graag *Zes Liederen voor vrouwenkoor en piano* op. 15 van Rachmaninov, tamelijk onbekende Slavische liederen uit zijn Russische beginperiode. 'Voor de oorlog,' schrijft ze dan, en zo terloops dat ik er vele malen overheen heb gelezen, 'bestelde ik de bladmuziek in Bandoeng, maar die zaak bestaat niet meer.'

Die 'zaak voor bladmuziek' kan geen andere zijn geweest dan de muziekhandel van Paul Seelig, de grote inspirator van Leopold Godowsky. Seelig had het jappenkamp niet overleefd, zijn vrouw en zijn kinderen waren voor de oorlog naar Nederland teruggekeerd; de zaak was gesloten. Misschien had Olga voor de oorlog een briefje van hem gehad, in de trant van: 'Helaas kan ik u deze partituur niet leveren, met de meeste hoogachting, P.A. Seelig.' En misschien had ze toch weleens iets van Seelig uitgevoerd, uit zijn *Lyrische Stukken uit de Soenda-archipel* bijvoorbeeld. Of waren die aan de gamelan refererende stukken haar te melancholiek?

Han zal een boekenlijst opsturen, schrijft ze ten slotte. Hij heeft nagenoeg niets meer, alles is door de jap verbrand. Maar ze kunnen geen kapitalen in boeken steken. Ze hebben nog geen enkele schadevergoeding ontvangen over de afgelopen jaren en gezien de politieke toestand is er niet veel kans dat ze iets zullen terugzien van het salaris dat Han over de jaren 1942-1945 had moeten ontvangen. Ze krijgen alleen zijn huidige salaris en alles is zo idioot duur en 'als we geen toelage van de kerk zouden krijgen, zouden we er op geen stukken na komen'. Want ze hebben niets meer.

Ze vraagt om een paar opscheplepels en vorken. Ze nemen alles wel voor lief tegenwoordig, niemand heeft immers iets, maar met je vingers kun je toch niet eten. 'Dat hebben we in het kamp ook niet hoeven doen.'

In plaats van naar Saleier reist Han op en neer naar de Toradja-landen. Hij is daar ingezet voor zendingswerk. Olga schrijft: 'Hij is zelfs al Bare'e aan het leren, de taal van de Toradja's.' En jokt: 'Ik denk niet dat ik hem dat na ga doen.'

Ze blijven hun toekomst op Celebes zien. Tussen de boeken die ik uit de inboedel van mijn ouders heb meegenomen, trof ik *Measa, een bijdrage tot het dynamisme der Bare'e sprekende Toradja's* aan. Het probeert legenden, mythes en rituelen in de taal van de Toradja's te verklaren. Bijvoorbeeld: 'Wanneer een Bare'e-Toradja een rivier oversteekt en hij herinnert zich een onwaarheid gezegd te hebben, snijdt hij een stukje van zijn nagel af en werpt dit in het water, of hij doet hetzelfde met een hoofdhaar, die hij zich uittrekt. Dit heeft niet de zin van een offer, maar hij doet het onwaar gesproken woord met iets van zichzelf af, zodat dit woord hem magisch niet meer kan schaden. Want anders zou het vaartuig, waarin hij zit, wel eens kunnen omslaan, of zou hij door een krokodil kunnen worden gegrepen.'

In de kantlijn van het boek staan aantekeningen, niet heel veel, en ook geen uitvoerige, maar ze zijn allemaal geschreven in het heldere, schuine handschrift van Olga. Ook na de oorlog bleef ze nog even degene die ze voor de oorlog was geweest, ook na de oorlog bleef ze nog hopen dat alles ten goede zou keren en dat ze haar leven weer kon oppakken, met een nieuwe taal erbij, en een volgende bestemming op Celebes, hoog in de Toradja-landen.

26

Voor de oorlog had Olga nooit een uitgesproken standpunt ingenomen, niet nadrukkelijk althans en niet van zichzelf. Ze was toch in de eerste plaats 'de vrouw van...' en de vrouw van moest de mening van haar man volgen, zo was het nu eenmaal toen. 'Ik weet weinig of niets van theologie en vaar in deze op Han,' schreef ze voor de oorlog een keer aan haar zus, 'ik bemoei me ook niet met de "politieke kant" van de zending, dat is een slangenkuil van grote, soms onverkwikkelijke, en vaker kleine, naargeestige belangen.' In taalkwesties vertrouwde ze blindelings op Cense, als hij zei dat het zus was, dan was het voor haar niet zo. Maar in het kamp had ze drieënhalf jaar lang haar eigen leven geleid en haar eigen opinies gevormd en nu bepaalde ze, veel sterker dan voorheen, wat ze zelf vond en dacht.

In de nalatenschap van mijn ouders trof ik een brochure aan met de weinig aanlokkelijke titel *De zending in Midden-Celebes*. Direct weggooien, dacht ik, ook vanwege de onsmakelijk bruine kleur van de omslag. Een overdruk van een artikel uit het tijdschrift *Onze Eeuw* (september 1908), geschreven door dr. N. Adriani. Ik had het inderdaad bijna weggedaan maar het boekje viel open en in de kantlijn merkte ik een paar aantekeningen op.

Olga had één hele pagina onderstreept en ze had dat, getuige een notitie, in 1946 gedaan. De brochure had de oorlog overleefd, misschien was het een van de boeken geweest die de baboe haastig in de tuin had begraven, of misschien was het na de oorlog door Olga aangeschaft om de boekenkast weer een beetje te vullen.

Nicolaas Adriani – Niki voor zijn vrienden en bewonderaars – was een tijdgenoot van Benjamin Matthes geweest en zij beiden hadden Cense de weg gewezen. De in 1865 geboren Adriani was een domineeszoon uit Oud-Loosdrecht die vanwege zijn zwakke gezondheid jaren had moeten kuren en het bedlegerige bestaan had aangewend om het Sangirees te leren, een taal die door een overvloed aan voorvoegsels, invoegsels, achtervoegsels en door woorden van een verbijsterende lengte vrijwel niet te leren was en die op de noordelijke poot van Celebes (de Minahasa) en de zuidelijke eilanden van de Filipijnen wordt gesproken. Hij trouwde met een vrouw die een even grote talenknobbel bezat als hijzelf en zij vormden, zoals ik in een biografische schets las, 'ene eenheid zoals zelden of nooit is voorgekomen; beiden van wetenschappelijke aanleg, met taalkundig talent, van rusteloze ijver arbeidend voor een verheven doel, gedragen door één geloof en één ideaal, voortwerkend tot uitputting toe'. Een soort Olga en Han dus, met dit verschil dat Maria Lamberta Gunning in Amsterdam het gymnasium had doorlopen, wat aan het einde van de negentiende eeuw uitzonderlijk was voor een jongedame, zelfs als ze, zoals deze Mia, de dochter was van een hoogleraar in de theologie. Nog uitzonderlijker voor die tijd was haar animo om werkelijk iets met die opleiding te doen. Het echtpaar vertrok in 1894 naar de Oost, vestigde zich in Poso in Centraal-Celebes en verdiepte zich in Bare'e, de taal van de Toradja's. De bedoeling was, zoals steeds wanneer de zending een taalgeleerde uitzond, om tot een Bijbelvertaling en een woordenboek te komen, maar het echtpaar Adriani wilde eerst geruime tijd onder de Toradja's vertoeven voor ze zich aan dat werk zouden zetten. Zonder de cultuur van een volk tot in alle finesses te kennen kon en mocht je je niet aan hun taal vergrijpen, was hun uitgangspunt. Ze begonnen met een groot aantal Toradjase vertellingen op schrift te stellen en te vertalen, eerst vanuit het Bare'e in het Nederlands, vervolgens andersom. Vanaf 1907 – ze waren toen al ruim twaalf jaar op Midden-Celebes – vertaalden ze een paar Bijbelse geschiedenissen uit het Oude Testament, maar niet de gehele Bijbel, alleen verhalen die op de een of andere manier aansloten bij de belevingswereld van de Toradja's.

Veel belangrijker nog was de studie die Adriani onder zijn eigen naam uitgaf en waaraan Mia volop had meegewerkt: *Het animistische heidendom als godsdienst.* Om het animisme als een godsdienst te beschouwen was in 1918 voor westerse theologen als vloeken in de kerk. De zending meende alles wat niet westers was in de inheemse cultuur (dus ongeveer alles) als onchristelijk of zelfs antichristelijk te moeten bestrijden.

'Maar al behoedde ons het gebruik der taal voor omzwervingen buiten de Inlandse denkwereld,' onderstreepte Olga in de door Adriani geschreven brochure, 'er was nog een ander gevaar waartegen wij hadden te waken, namelijk een meesterachtig optreden. De gewoonte van meesterachtig optreden tegenover de Inlander is de Europeaan in bedenkelijke mate eigen; de Inlander bevitten en hem achterna zitten met opmerkingen acht de Europeaan zijn recht. De naïviteit waarmede men zijn "eerste indrukken" in woord en schrift weergeeft bewijst duidelijk, dat men geen ogenblik beseft hoe weinig men nog begrijpt van hetgeen men ziet en bijwoont. Het duurt gewoonlijk lang eer men vat wat de betekenis is van de dingen, waarmee de Inlander schijnbaar hetzelfde bedoelt als wij. Uw werk, zeide eens een Europeaan tot mij, is voornamelijk: in de Inlanders te vinden wat er niet in zit. Het duurt lang eer men begrijpt, dat de Inlanders geen "eenvoudige mensen" zijn en dat voor hem, die geen ander dan geestelijk gezag onder hen wil uitoefenen, slechts deze weg openstaat. Dat hij zich inspant om eerbied en achting te verwerven, allereerst door die zelf te tonen. Trouwens, men kan feitelijk iemand geen groter achting bewijzen, dan dat men toont zich zeer te willen inspannen, om hem te doen delen in eigen geestelijk bezit. Men moet dit echter zó doen, dat men de mensen laat voelen dat hier geen heerszucht de drijfveer is, maar een waarachtig streven om zich met het volk te verbroederen.'

Olga schreef in de kantlijn: 'Adriani in 1908! Zijn we sindsdien ook maar een sikkepit anders gaan denken?' Ze schreef ook: 'Ik heb gehoord dat zijn vrouw de Bijbelvertaling in het Bare'e niet mocht afmaken.'

Dat was Mia inderdaad niet gegund. Adriani overleed in 1926 en zijn vertaling van het Nieuwe Testament was toen tot en met de Brief van Paulus aan de Korintiërs gekomen. Volgens zijn opvolger Albert Kruyt had hij zich schuldig gemaakt aan 'een onherstelbaar verzuim'. Zijn onwilligheid de vertaling te voltooien kwam volgens Kruyt 'de zonde nabij'. Adriani geloofde niet erg meer in de superioriteit van het christelijk geloof en de Europese beschaving – de Eerste Wereldoorlog had bewezen dat Europa tot een nog veel grotere barbarij in staat was dan de zogenaamd heidense volken. Dat de christelijke beschaving naar de primitieve mens moest worden gebracht, vond Adriani, naarmate hij langer op Celebes vertoefde, een steeds bedenkelijker praktijk. Want wie was er nu eigenlijk primitief? Dat Gods werk en het koloniale bewind in elkaars verlengde liggen, wilde er bij hem ook niet meer in. Hij ging nog niet zo ver als Karl Barth, de grote theoloog die de protestanten wakker schudde, die weinig meer van zending moest hebben en alleen in een persoonlijke relatie tot God geloofde, dus in een persoonlijke bekering – tot die slotsom kwam de generatie van mijn vader pas. Maar Adriani had gewoon veel te veel respect voor de Toradja's gekregen om ze 'meesterachtig' toe te spreken, en hij vroeg zich ook steeds vaker af wat zij in vredesnaam met het evangelie aanmoesten, ze hadden in hun eigen geloof genoeg aanknopingspunten om de staat van goddelijke genade te bereiken. Adriani liet zijn eigenlijke werk sloffen, gaf volgens zijn opvolger Kruyt aan de uitnodigingen van 'iedere jongelingsvereniging, ieder dameskransje, ieder zendingsfeeestje, gehoor om een voordracht te houden', en schreef liever over antropologische onderwerpen dan zich aan het vertalen van de Bijbelboeken te zetten. Wat hij achterliet was 'een werk dat een volkomen chaos vormt'.

Zijn weduwe mocht de vertaling niet afmaken omdat Kruyt 'weinig vertrouwen had in haar talenkennis'. Een belediging, ze beheerste de taal even goed als haar man. Mia Adriani hield de eer aan zichzelf, vertrok naar Java en liet weten dat de vertaling alleen door iemand gedaan kon worden die in Midden-Celebes woonde en 'lokale taalhelpers kon inschakelen'. Kruyt zelf maakte de vertaling af, die in 1938 verscheen, in het jaar dat Olga voor het eerst de Toradja-landen bezocht. Een niet heel goede vertaling, die in 1954 al moest worden herzien door een van de eerste afgestudeerde Toradja-theologen, ds. H. Perdok, en door de onderwijzer Talungkea Magido.

'In het kamp heb ik geleerd wat een wereld is zonder God en zonder gerechtigheid,' schreef Olga in de kantlijn van de brochure. 'Ik weet niet goed meer wat we hier doen. Het is het mooiste land van de wereld, ik zou hier altijd willen blijven, maar dan in gerechtigheid, en op basis van respect; en ik vrees dat dat niet meer mogelijk is.'

27

Veel werd anders na de oorlog, eigenlijk alles wat het leven bekoorlijk had gemaakt. Getuige haar laatste brief danste Olga niet meer. Ik pak de *Gids voor Makassar en omstreken* en bekijk de advertentie van het Empress Hotel. De lounge, waar op vrijdag- en zaterdagavond de dansavonden plaatsvonden, was een voorbeeld van nieuwe zakelijkheid. De buisstoelen hadden door Eileen Gray ontworpen kunnen zijn; niets van dat interieur was muffig koloniaal, de sfeer is grootstedelijk, ik hoor de bigband van Benny Goodman en het lichte tikken van de 78 toerenplaat. Die opzwepende hit 'Swing, swing, swing' met de meezingtekst 'Sing, sing, sing, everybody start to sing...' Maar nee, voorbij die tijd, daarin was Olga stellig, dansen deed ze niet meer. En ze gaf er een verklaring voor die ze voor de oorlog met hoongelach zou hebben verworpen: 'Dat vinden ze hier toch niet goed passen bij de vrouw van een zendingspredikant.'

Het kan zijn dat ze zich dermate gestoord heeft aan het gedrag van de Amerikaanse zendelingen in het kamp dat ze zich voornam voortaan een voorbeeldfunctie te vervullen. In de kampherinneringen van een van haar medegevangenen las ik dat Olga door Mrs. Jaffray was aangevallen toen ze om halfzes 's morgens uit de latrine kwam. 'Laten we toch bidden,' had Mrs. Jaffray geroepen, terwijl ze zich uitkleedde. 'God zal ons redden.' Het volgende ogenblik schreeuwde en krijste ze en rukte ze Olga de haren uit het hoofd omdat ze niet onmiddellijk haar handen had gevouwen.

Mrs. Jaffray was een van de drie Amerikaanse zendelingen die door Japanse mariniers van het Australische Christmas Island in de Indische Oceaan naar Kampili waren overgebracht. Alle drie de dames waren malende. Mrs. Seely, in de vijftig, met de schouders en de spieren van een man, werkte als een koelie en citeerde onophoudelijk uit de Bijbel, urenlang. Ze liep de ene loods in, de andere uit, in haar handen klappend, met het hoofd wiegend, wuivend, zingend 'The Victory of the Lord is there'. Mrs. Seely moest opgesloten worden toen ze de kampcommandant had omhelsd en zich voor zijn voeten had geworpen, roepende: 'Dear commander, the Victory of *our* Lord is there.' Yamadji, de kampcommandant, een gespierde marinier, nog geen zesentwintig jaar oud, was er zo van geschrokken dat hij twee dagen het bed had moeten houden; hijzelf vermoedde dat het malaria was. Mrs. Seely zong zes dagen achtereen, bonsde tegen de wanden, reciteerde gillend uit de Bijbel, klom op vensterbanken, beukte planken uit de sponning. Alleen morfine kon haar kalmeren, ze spoten haar uiteindelijk voor dagen en nog eens dagen plat, ofschoon ze zich daar heftig tegen had verzet, alleen het gebed kon volgens haar leiden tot genezing. Vanwege de commotie verbood Yamadji, die giftig werd als het om godsdienst ging, alle kerkdiensten en koorrepetities, want de vrouwen die gek waren geworden, spraken over niets anders dan over God – de kerkdiensten moesten stoppen voor tenminste een maand. Olga had het allemaal droevig en beschamend gevonden, de zendelingen werkten voor Christian Science en zouden tot aan de laatste dag van de oorlog blijven dwepen met hun God die de mens van alle zorgen en pijn verlost, een boodschap die op den duur niemand meer wilde horen.

Bridgen deed Olga nog wel. 'Dat komt door het kamp, waar we 's avonds niet wisten wat te doen.' Voor bridgen hoefde Olga de deur niet uit, er woonden zoveel mensen in het huis dat ze zo vier spelers bij elkaar had. Misschien was het toen al te link om je 's avonds naar het Empress Hotel te begeven, de Makassaren hadden de terugkeer van de Nederlanders in de stad niet als een vanzelfsprekende terugkeer naar de vooroorlogse situatie gezien en van hoog tot laag was de houding agressief.

Olga vroeg haar zus om machinegaren, 'in Makassar moet ik daar 12 gulden per klos voor betalen'. Ze kon kennelijk van een andere naaimachine gebruikmaken, de Pfaff had ze immers aan Magda geschonken. Ze bedelde om Europese kleren, voor wanneer ze eens, over een jaar, twee jaar, naar Nederland zou terugkeren. 'Han heeft niet eens een pak, alleen een paar lange broeken. We zijn armoedig geworden.'

De politionele acties zijn nog niet in alle hevigheid losgebarsten. Zes maanden later, in december 1946, zou het offensief van de Speciale Troepen onder commando van kapitein Raymond Westerling beginnen, de guerrilla zou tot 27 februari 1947 duren, met duizenden burgerdoden als gevolg; zes maanden later konden de kinderen niet meer naar school en zat Olga weer gevangen, ditmaal in haar eigen huis. Toen kon ze haar brief nog besluiten met: 'Ik moet m'n kinders eens gaan ophalen. Het regent op 't ogenblik pijpenstelen, ik weet niet hoe erdoor te komen. We hebben een ontzettende regentijd dit jaar, we zeggen tenminste dikwijls: wat een geluk dat we niet meer in 't kamp zitten, wat zouden er anders weer veel zieken zijn, en veel doden.'

Het zijn de laatste geschreven woorden die ze vanuit Makassar naar Nederland stuurt. Het postverkeer moet weer zijn lamgelegd, of ze kon het terrein rond haar huis niet meer af om de brief te posten. Sluipschutters schoten op iedere blanke die zich op straat waagde. De kinderen kregen zo goed en kwaad als het ging thuisonderwijs.

Han reisde nog één keer naar Toradja-land. Toen hij via Soppeng terugkeerde, werd hij zeven keer aangehouden door milities. Het kerkbestuur liet hem weten dat hij zich moest voorbereiden op vertrek naar Nederland. Hij weigerde, maar hij was twaalf jaar onafgebroken in Indië geweest en volgens zijn contract was hij om de zes jaar verplicht zes maanden verlof in Nederland op te nemen. Hij had recht op een vol jaar vakantie. Han ging pas akkoord toen hij de schriftelijke bevestiging kreeg dat hij na zijn verlof naar Celebes kon terugkeren en zijn werk in Soppeng en de Toradja-landen kon voortzetten. Die belofte werd eenzijdig verbroken. De eerste brief die hij in Nederland ontving was zijn ontslagbrief.

Of Olga dat spijtig vond? Op grond van wat ze in de brochure van dr. Adriani schreef: nee – 'ik weet niet goed meer wat we hier doen' – en ja – 'het is het mooiste land van de wereld'. Ik denk dat ze vooral de in het kamp opgelopen vermoeidheid te boven wilde komen. Ze wilde lichamelijk en geestelijk uitrusten, ze wilde alle spanning van zich afschudden. En ja, dan wilde ze, uitgerust en vol nieuwe energie, misschien wel weer terug, hoewel het nooit meer zou worden zoals het was geweest, zelfs in de liefde niet, dat was haar met de dag duidelijker geworden. Terwijl ze toch pas vijfendertig was.

Anton Cense keerde in 1947 naar Celebes terug, sterk vermagerd en heel veel ouder geworden door zijn krijgsgevangenschap in kampen op Java en Sumatra. Als kenner van Zuid-Celebes en als een van de weinigen die het Makassaars en het Boeginees tot in de finesses beheersten, kreeg hij een hoofdaandeel in het onderzoek naar geweldsexcessen van het Nederlandse leger tegenover de bevolking. Namens de commissie-Enthoven kon hij de Makassaren en Boeginezen naar hun bevindingen vragen. De opdracht voor het onderzoek was van de Gouverneur-Generaal in Batavia gekomen.

De commissie-Enthoven rapporteerde twee- tot drieduizend doden in drie maanden tijd, zeldzame bruutheid, onnodig heftig geweld, verwoesting, standrechtelijke executies en oorlogsmisdaden, begaan door de Nederlandse troepen onder leiding van kapitein Raymond Westerling. In het rapport stond ook dat Westerling in opdracht van of in ieder geval in nauw overleg met zijn superieuren in Batavia had gehandeld. Vooral vanwege die laatste bevinding werd het rapport tot staatsgeheim verklaard en verdween het in een la. Pas in 1989 werden delen eruit gepubliceerd. Het volledige rapport is nog steeds niet openbaar gemaakt.

Olga zag haar leermeester nog één keer terug. Ze kon de straat niet meer over, ze durfde haar kinderen geen minuut meer in de steek te laten, de sluipschutters waren toen opeens overal, en toch waagde ze het erop. Ze bezocht hem in de woning van Fort Rotterdam, waar zijn Makassaarse en Boeginese helpers zovele nauwelijks te ontcijferen teksten hadden gekopieerd.

Binnen de muren van Fort Rotterdam was het veilig. De veel ouder geworden geleerde, nu in donker pak, de nog altijd ziekelijk magere Olga – ik zie ze lopen op de binnenplaats van Fort Rotterdam. De wind waait zo dicht bij zee fel, Olga heeft geen hoed op, al die fratsen van voor de oorlog zijn verdwenen, haar haren waaien alle kanten op. Hij neemt haar bij de arm, teder en ook een beetje om zelf steun te zoeken, want hij is alleen, nog altijd alleen, hij heeft deze hele verschrikkelijke omwenteling, die het einde van een tijdperk inluidt, in zijn eentje doorgemaakt, en hij heeft het moeilijk gehad in de kampen van Java en Sumatra, even moeilijk als Olga in het vrouwenkamp Kampili. Ze praten en ik vraag me af in welke taal, misschien wel gewoon in het Maleis want dat was toch de taal van alledag, of misschien zelfs wel in het Nederlands, ze praten, en ze lopen rondjes, aldoor rondjes, tot de zon achter de gebouwen verdwijnt en, als altijd, bijna verontrustend snel ondergaat.

28

Nauwelijks terug uit Java stapte ik in mei 1991 op een vrachtschip dat me via West-Afrika naar de Caraïbische eilanden en Zuid-Amerika zou brengen. Het was het begin van een ander leven. Sindsdien ben ik niet meer terug geweest in Indonesië. Het heeft me nooit gespeten, tot ik 'De tuinen van Buitenzorg' op de radio hoorde. Ik vroeg me toen af of ik niet een verkeerde weg had gekozen. De *Java Suite* maakte zoveel herinneringen bij me los dat ik de indruk had dat het stormde in mijn hoofd.

Ik las de biografie van Godowsky, sloeg de boeken van H.J. Friedericy er nog eens op na, van A. Alberts (*De eilanden*), Hella S. Haasse (*Heren van de thee* en *Oeroeg*, dat in de streek tussen Buitenzorg en Bandoeng speelt, nabij de Poentjak-pas en de botanische tuin van Tjibodas, een novelle die zowel het imposante als het onheilspellend ritselende en donker dreigende van de natuur oproept, en begint met een zin die me steeds weer dwars door de ziel snijdt, alsof hij mijzelf betrof: 'Oeroeg was mijn vriend.') Van Louis Couperus (*De stille kracht*, meeslepend in zijn onmacht de sensuele krachten te doorgronden, een oosters schimmenspel met de macht als inzet en een fluim sirih op een naakte huid als middel) en van E. du Perron (*Het land van herkomst,* nuchterder en toch ook weer bezeten). Toen ik dat laatste boek als puber las, zei mijn moeder: 'Dat is toch niets voor jou', wat ik als misprijzen opvatte in plaats van als een liefdevolle poging me te behoeden voor geleende weemoed.

Echte juwelen trof ik in de nalatenschap van mijn ouders aan. Uit de doos die ik in de berging had opgeslagen kwamen de reisverslagen van taalgeleerde Benjamin Matthes door de binnenlanden van Celebes in 1857, 1861, 1864. De man zei een hekel te hebben aan reisverslagen en schreef als Bruce Chatwin. Of de vermakelijke studie van dr. Albert C. Kruyt, *De magische kracht van hoenders en andere vogels bij de Bare'e sprekende Toradja's.* 'Bij het bouwen van een nieuw huis bracht men dikwijls een kip boven op het dak. Daar werd zij geslacht, waarna men het spartelende dier langs het dak naar beneden liet rollen. Was het lichaam op de grond tot rust gekomen, dan lette men op de richting in welke de kop wees; was zij de Oostelijke, dan zouden de bewoners van het huis lang leven. De zon kwam immers in het Oosten op.'

Van Kruyt trof ik ook een vuistdikke verzameling brieven aan die hij aan het begin van de 20ste eeuw vanuit Pendolo had verzonden, een dorp aan het Posomeer in Centraal-Celebes: de man genoot duidelijk meer van de etnologische kennis die hij opdeed dan van de evangeliën die hij moest verspreiden, wat hij gemeen had met zijn voorganger, dr. Niki Adriani, die hij niettemin zou verketteren toen besloten moest worden wie diens werk zou voortzetten. Bij het verzamelen van de verhalen hielp zijn vrouw Jo hem, haar kennis van het Bare'e was even groot als de zijne – vreemd dat juist hij het was die mevrouw Adriani belette haar mans Bijbelvertaling in het Bare'e af te maken, misschien wilde hij wel dat Jo dat zou doen. Zoals Olga schreef moet het ook een slangenkuil aan tegengestelde belangen onder de taalgeleerden en de brengers van de blijde boodschap zijn geweest.

Ik zocht de brieven van Olga op, ze lagen in de bovenste bureaula, in een rietkleurige map. Toen ik die opensloeg bleken het niet de brieven zelf te zijn maar de delen uit de brieven die ik gekopieerd had en die me hadden moeten helpen bij een grote roman die *Een liefde in Indië* zou gaan heten. Ik vermoed dat ik die aantekeningen heb gemaakt kort nadat ik de brieven van tante Nora had gekregen. Van de rietkleurige map herinner ik me dat ik die meenam toen ik naar Curaçao verhuisde. Misschien dacht ik die roman alleen in de tropen te kunnen schrijven, en in een voormalige Nederlandse kolonie, in Curaçao, dat precies zo groot, of zo klein, was als Saleier, en omgeven werd door een even groene zee. Maar ik ben er nooit aan begonnen. Op een gegeven moment wilde ik het niet meer, of durfde ik het niet meer. Indië hoorde bij andere mensen, en ofschoon zij bloedverwanten van me waren, hoorde hun Indië niet bij mij.

Ik vergiste me. Ik realiseerde het me toen ik uiteindelijk de originele brieven van Olga vond en ze herlas.

Soms voelde ik toch weer opeens die weerzin opkomen, dat gevoel van: hier hoor ik niet bij. Dan bladerde ik in de bloemlezing waaruit Olga het Makassaars had geleerd. In de laatste afdeling trof ik een *kêloñğ* aan, een vierregelig gedicht dat volgens dr. Matthes door 'publieke dansmeiden' werd gezongen, waarbij ze na iedere versregel de bijpassende gebaren en danspassen maakten. Een gedicht in spijkerschrift waarvan Matthes in een voetnoot de vertaling gaf:

Zoek mij, terwijl ik er niet ben.
Leer mij kennen, dewijl ik er ben.
Ik ben er immers,
En toch is zeker, dat ik er niet ben.

Het kwam me bekend voor, en ik pijnigde me er het hoofd over wie ooit, zachtjes prevelend, deze bezwerende regels in mijn oor had gefluisterd. Het kon toch eigenlijk niemand anders dan mijn moeder zijn geweest, misschien toen ik nog klein was, vlak voor het slapengaan omdat ik bang was voor het donker... Tot ik een ander boek uit de kast pakte en me realiseerde dat dit het motto is van *Bezonken rood* van Jeroen Brouwers. De roman over de dood van zijn moeder, de roman over zijn kleuterjaren in het jappenkamp.

Volgens Matthes wordt in deze zang God sprekend ingevoerd als een oude wijze die in gesprek gaat met een meisje. De tekst wijkt iets af van het motto van *Bezonken rood,* de eerste zin luidt daar *Zoek mij terwijl ik er ben*, de tweede zin *Leer mij kennen, omdat ik er ben*. Matthes vreest dat het vers niet begrepen zal worden, en voegt na iedere regel een verklaring toe:

Zoek mij, terwijl ik er niet ben (te weten: *lichamelijk*)
Leer mij kennen, terwijl ik er ben (te weten: *geestelijk*)
Ik ben er immers, (te weten: *geestelijk*)
En toch is zeker, dat ik er niet ben (te weten: *lichamelijk*)

Uit de bloemlezing *Makassaarsche Chrestomathie* viel een brief. Ik had talloze malen in het boek gebladerd zonder de drie vellen tellende brief op te merken, de dunne blaadjes moeten zich aan de dikke bladzijden van de bloemlezing hebben vastgehecht. Een brief van Syamsuddin Daeng Soreang, met zijn roepnaam Denso ondertekend, op 21 januari 1986 verstuurd aan mijn vader, met als enige adressering 'di Nederland', 'in Nederland'. De brief was nog aangekomen ook. Een brief in het Maleis, met als aanhef *Dengan segala hormat*, 'Met alle respect'.

Denso leefde nog. Ik had naar hem en zijn leidsman La Galiti op zoek moeten gaan, ze hadden me het Sulawesi kunnen laten zien dat de Javaanse adjudant Sari voor me verborgen had willen houden, ze hadden me kunnen meenemen aan boord van een Boeginese schoener. Van Makassar naar Saleier, zoals mijn vader op zijn laatste reis naar het eiland had gedaan, toen de mailboot van de KPM niet meer voer vanwege het dreigend oorlogsgevaar. Die Boeginese schoeners worden nog altijd op het strand bij Bira gebouwd, en vanaf de kust bij Bira kun je in de verte Saleier zien liggen. Ik zou er de tijd van mijn leven hebben gehad, met Denso en La Galiti als gids. Of haalde La Galiti inmiddels zijn neus op voor witte mannen die alles over zijn rol als ziener en leidsman wilden weten? Misschien was hij niet zo oud geworden als Denso en was hij al jaren dood, was hij een natuurlijke of een gewelddadige dood gestorven.

Met de onafhankelijkheid van Indonesië kwam er geen rust over Sulawesi. De Boeginese binnenlanden bleven het toneel van rampokken, overvallen, ontvoeringen en gevechten tussen het Indonesische leger en de opstandelingen van Darul Islam (DI), een militie die van Indonesië een streng islamitische staat wilden maken, te beginnen in Zuid-Sulawesi. Het was een jihad, de meeste strijders waren jonge, Makassaarse fanatici, gesteund door de felste imams van Makassar. Hoeveel slachtoffers er vielen is nooit bekend geworden. Tientallen? Honderden? Duizenden? Het was weer zo'n vergeten oorlog, de zoveelste op het eiland. En natuurlijk waren het weer de arme rijst-, tabaks-, koffie- en pindaboeren die het slachtoffer werden van de voortdurende strijd, hun voorraden werden door de guerrillastrijders opgeëist, hun huizen en schuren in brand gestoken. De doortastende Denso schoot de protestanten onder hen financieel te hulp, verstrekte forse sommen en werd door het inmiddels Indonesische kerkbestuur in Makassar van malversaties beticht. Hij werd ontslagen en moest Sulawesi verruilen voor Java, iets waarover hij zich in zijn brief aan mijn vader allerminst beklaagde, hij wilde mijn vader allereerst condoleren met het overlijden van mevrouw, en hij wilde hem voorts laten weten dat hij het geloof nooit verloren had.

Het gewapende conflict duurde lang, van 1950 tot 1966. Geen krant schreef erover, geen VN-commissie deed er onderzoek naar. Rond 2000 laaide de strijd weer op. Een christelijke militie viel een islamitische kostschool in Poso aan en doodde zeventig leerlingen en docenten. Een paar weken later werden twee islamitische kooplieden en een Boeginese predikant door bendes gelyncht. De protestantse kerk van Poso ging zes jaar later in vlammen op, nadat christelijke fanatici een islamitische school in brand hadden gestoken. Een paar dagen later moesten de huizen van Ambonese politieagenten het ontgelden die de christenen hadden proberen te beschermen tegen de aanvallen van jonge moslims.

In 1979 verscheen het *Makassaars-Nederlands Woordenboek* van A.A. Cense, je zou bijna zeggen: als mosterd na de maaltijd. Cense zelf was toen al twee jaar dood. Mijn moeder schafte het woordenboek niet aan, waarom zou ze ook, ze had sinds ze Celebes had verlaten nooit meer één woord Makassaars gesproken, en ze was kennelijk ook niet nieuwsgierig of er woorden in stonden die zij ooit had aangedragen. Wat haar geërgerd zou hebben was dat het *Basa Mangkasara* tegenwoordig met het Latijnse schrift wordt geschreven, niet meer met het traditionele Lontara-schrift. Iets van de eigenheid van de taal was opgeofferd en iets van haar geheimzinnigheid was ontsluierd. Of kon dat haar niets meer schelen?

De muziek van Makassaren en Boeginezen had een sleutel kunnen vormen naar veel geheimen. Olga was er weinig over te weten gekomen, Cense evenmin, en Robert Wilson had hard moeten zoeken naar originele Boeginese ritmes en melodieën voor zijn spektakelstuk *I La Galigo*. Ik zag op internet slaginstrumenten voorbijkomen die aan de gamelan deden denken, maar ook snaarinstrumenten die klonken als de Arabische ud en een viool die met de Europeanen was meegekomen. Een smeltkroes aan invloeden, zoals bij de klassieke Antilliaanse muziek, waarin ik me wel verdiepte.

Had ik niet naar Sulawesi moeten terugkeren? Naar Soppeng, Watampone, Sangalla, Rantepao, en al die andere plaatsen waar Olga had vertoefd? Had ik me niet voor geruime tijd op Saleier moeten vestigen in plaats van op Curaçao? Op Pulau Selayar zoals het tegenwoordig heet? Hoe omschreef Olga het eiland ook al weer? 'Van een onwerkelijke pracht!'

Ik weet het niet. Wat had ik daar precies moeten zoeken?

Het was er toch al, in de brieven, de boeken, in de fotoalbums met de onderschriften in witte inkt? Wat was het belang geweest, voor mezelf althans? Wat had het voor wezenlijks toegevoegd aan het verleden van mijn ouders?

Het enige wat telt is dat ik Olga door 'De tuinen van Buitenzorg' beter heb leren kennen, door het muziekstuk en alles wat dat bij me opriep en in beweging had gezet. Als je niet weet wie de persoon is die je moeder is geworden, weet je uiteindelijk weinig over jezelf. Misschien heb ik al die tijd mijn moeder te veel op afstand willen houden. Domweg omdat ik te veel van haar hield, althans, van de Olga in haar, en dat ik dat moeilijk kon rijmen met wat uiteindelijk haar lot zou worden: de keurige domineesvrouw van Rhoon.

En, ofschoon veel te kort, ik ben in Bogor geweest, dat is misschien wel het belangrijkste, ik ben in 's Lands Plantentuin geweest, in Djokja, op Bali toen het nog het authentieke Bali was, in Makassar, Rantepao, Sangalla, en ik heb er begrepen waarom Olga niet meer dezelfde was toen ze, terug in Nederland, mijn moeder werd.

Nergens zoveel geleden, nergens zo intens geleefd – heeft ze me een keer gezegd, en dat was de kern van haar vorige leven geweest. Met toch, dat bleef me bij, de nadruk op de laatste woorden: zo intens geléééfd.

Verantwoording

Ik maakte dankbaar gebruik van de biografie die Jeremy Nicholas aan Leopold Godowsky wijdde: *Godowsky, The Pianists' Pianist* (Hexham, 1989), als ook van Jasmin Arakawa, *A Guide to Leopold Godowsky's Java Suite* (Indiana University, 2013), en Henk Mak van Dijk, *De oostenwind waait naar het westen, Indische componisten, Indische composities, 1898-1945* (Leiden, 2007), hoofdstuk 5: Paul J. Seelig.

Henk Mak van Dijk schreef ook het hoofdstuk 'Paul Seelig. Kenner en schrijver van Indische muziek' in *Vervolgde componisten in Nederland* (Amsterdam, 2015).

De eerste druk van de autobiografie van Hella S. Haasse, *Zelfportret als legkaart*, kwam al in 1954 uit, het boek verscheen in 1964 opnieuw als literaire reuzenpocket nr. 11 bij uitgeverij De Bezige Bij in Amsterdam. Ik kocht die reuzenpocket op 15 september 1965, ik was toen zestien jaar, en kennelijk al op zoek naar het land dat mijn ouders had gevormd. Ellen van Lelyveld haalt in *Altijd piano. Muziek in het leven van Hella Haasse*, (Amsterdam, 2014) herinneringen op aan haar moeder. Bij haar boek zijn twee cd's gevoegd waarop de gesproken inleidingen staan die Hella Haasse in 2001 hield tijdens de avond 'De muzikale wereld van Hella Haasse' in De Rode Hoed in Amsterdam.

Het interview dat ik met Hella S. Haasse over het schrijven van historische romans hield, is opgenomen in de bundel *Schrijven* (Amsterdam, 1980). Daaruit deze passage: 'Ik heb de behoefte aan een glooiend landschap, aan warmte, aan zon, aan veel licht. Dat komt doordat ik mijn jeugd in Indië heb doorgebracht. Vroeger, toen ik *Oeroeg* schreeft, had ik heimwee naar Indië, tegenwoordig niet meer, maar ik verlang er nog steeds naar in een grootse natuur te zijn. (...) Ik heb altijd de behoefte aan overzicht gehad. Aan het inpassen van levens en gebeurtenissen in een groter kader. Dat geeft mij het gevoel adem te kunnen halen.'

Er is veel, mooi en deskundig geschreven over de geleerden die ik in *De tuinen van Buitenzorg* belicht. K.W. van Gorkum, *Levensbericht R.H.C.C. Scheffer*, Koninklijke Nederlandse Akademie van Wetenschappen, Amsterdam, Jaarboek 1880. J. Noorduyn, 'In memoriam A.A. Cense', in *Bijdragen tot de Taal-, Land- en Volkenkunde/Journal of the Humanities and Social Sciences of Southeast Asia*, 134, no. 4, (Leiden, januari 1978). Hendrikus van den Brink, *Dr. Benjamin Frederik Matthes. Zijn leven en arbeid in dienst van het Nederlandsch Bijbelgenootschap*, (Amsterdam, 1943), Ph.S. van Ronkel, 'Levensbericht van Dr. N. Adriani' in *Jaarboek van de Maatschappij der Nederlandse Letterkunde* (Leiden, 1926). K.J. Brouwer, *Dr. Alb. C. Kruyt, dienaar der Toradja's* (Den Haag, 1951). Gerrit Noort, *De weg van magie tot geloof. Leven en werk van Alb. C. Kruyt (1869-1949), zendeling-leraar in Midden-Celebes, Indonesië* (Zoetermeer, 2006). Pieter Korver, 'De authenticiteit van *De laatste generaal*, H.J. Friedericy en het feodale Zuid-Celebes', *Indi-*

sche letteren, Jaargang 11 (1996). J.P.B. de Josselin de Jong, 'Levensbericht G.J. Held', in *Jaarboek 1955-1956*, Koninklijke Nederlandse Akademie van Wetenschappen, Amsterdam. Lodewijk de Geer Boers, 'Weerzien met de plantentuin van Buitenzorg', in: *Java Post* (13 juli 2016).

Over het onderzoek naar de bekeringsbeweging op Saleier dat mijn vader deed, schreef Christiaan G.F. de Jong in *Geesten, goden en getuigen. Geschiedenis van de Nederlandse Zending onder Buginezen en Makassaren in Zuid-Sulawesi, Indonesië* (Kampen, 1991) en 'Overgang als daad van protest, enkele kanttekeningen bij de geschiedenis van de zending van de Protestantse Kerk onder de Buginezen in Soppeng, in Zuid-Sulawesi (Celebes), Indonesië (1939-1966)', *Nederlands Archief voor Kerkgeschiedenis, 70* (1990). In de laatste studie vond ik dat La Galiti tot aan het einde van zijn leven 'goeroe', godsdienstleraar, is gebleven en in 1976 in Watansoppeng is overleden.

Een van de eersten die inzichtelijk over Celebes schreven was de bestuursambtenaar J.A.N. Bakkers, 'Het leenvorstendom Boni', in: *Tijdschrift voor Indische Taal-, Land- en Volkenkunde 15* (1866). De studie van A.A. Cense, 'De verering van Sjaich Jusif in Zuid-Celebes', verscheen in *Bingkisan Budi* (Leiden, 1950). Over de Boeginese slaven in Zuid-Afrika, een onbekend hoofdstuk uit de geschiedenis, schreven Sirtjo Koolhof en Robert Ross de studie 'Upas, September and the Bugis at the Cape of Good Hope', in: *Archipel* (2005, nr. 70). Victor E. Korn schreef over 'Problemen der Makassaars-Boeginese samenleving', in: *Bijdragen tot de Taal-, Land- en Volkenkunde* 108 (1952), no. 1, KITLV Leiden.

Een aantal gegevens over het vrouwenkamp Kampili haalde ik uit de bloemlezing van dagboeken *Hoe het ons verging op*

Zuid-Celebes en omliggende eilanden, verzameld door Tineke Stolk en Pim Seth Paul, in 1994 uitgegeven in eigen beheer.

In vrijwel alle citaten, ook die uit mijn moeders brieven, heb ik de moderne spelling aangehouden. Het veelvuldig gebruik van de afkorting 't, wat in de vooroorlogse jaren gemeengoed was, heb ik ingebonden. Ik ben wel 'Toradja' blijven gebruiken terwijl 'Toraja' nu gangbaar is. In navolging van dr. N. Adriani en dr. A. Kruyt noemde mijn moeder volk en landstreek Toradja met een d en sprak dat zo ook uit.

'Inlander', 'inlands', 'heidendom', 'animisme', 'mohammedanen' en 'mohammedaans' waren omschrijvingen of begrippen die gangbaar waren in de tijd dat mijn ouders op Java en Celebes verbleven, net als 'blanke'. 'Heidendom' en 'inlander' worden nu als denigrerend ervaren, 'blanke' als aanmatigend, 'animisme' wordt nu aangeduid met 'oorspronkelijke religie' – 'animisme' lijkt me in deze context duidelijker omdat in de oudste religies de dierenoffers een belangrijke plaats innemen. Moslims verzetten zich tegen het gebruik van de naam van de profeet Mohammed als aanduiding van hun godsdienst, ze zijn weliswaar volgelingen van Mohammed maar geloven in God, in Allah. In het Nederlands bleef het woord 'mohammedaan' lang in zwang en had geen negatieve bijklank; net als 'christen' en 'boeddhist' wordt het met een kleine letter geschreven; in de brieven van mijn moeder, en ook in de enkele brief van mijn vader die ik citeer, staat het echter altijd met een hoofdletter.

De spelling van het Bahasa Indonesia is in 1947 voorzichtig en in 1972 grondig gewijzigd, de 'oe' en de 'dj' herinnerden te veel aan het Nederlands en zijn veranderd in 'u', 'j' en 'y'. Bandoeng werd Bandung, Djakarta Jakarta, Yokyakarta Yogyakarta. Boeginezen wordt nu zelfs in het Nederlands als Buginezen geschreven.

Celebes heet sinds 1949 Sulawesi maar de zee ten noorden van het gigantische eiland (174 600 km^2, een kwart groter dan Java) staat nog steeds als Celebes Sea op de internationale kaarten. Saleier heet nu Pulau Selayar, Soppeng Watansoppeng, Bone Watampone, Bonthain Bantaeng, Paré-Paré Parepare. Makassar is in 1999 weer Makassar geworden, nadat het in 1971 tot Ujung Pandang was omgedoopt. Zelfs in de periode Ujung Pandang bleven de bewoners Makassaren heten en hun taal Basa Mangkasara.

Ik begon aan het schrijven van dit boek in de zorgeloze zomer van 2019 en legde er de laatste hand aan in de benauwde coronaherfst van 2020. Misschien nog wel sterker dan voorheen kon ik op de aanmoediging, steun, adviezen, kritische kanttekeningen rekenen van mijn vrouw Marie-Claude, van mijn immer toegewijde editors Emile Brugman en Ellen Schalker (voor Ellen was dit boek een reis terug naar het land waar ze haar vroegste jeugd doorbracht), mijn vaste meelezer Marre van Dantzig en vaste redacteuren Anita Roeland, Marcella van der Kruk en Fieke Janse, mijn hulp-en-toeverlaats op de uitgeverij Marjet Knake en Karlijn Theeven en mijn uitgever Leonoor Broeder, die, o toeval, een jaar in Bogor woonde.

De complete *Java Suite* van Leopold Godowsky is in een subtiele uitvoering van de Indonesische pianiste Esther Budiardjo te beluisteren op YouTube (https: / / rebrand.ly / javasuite). Ook de uitvoering uit 1935 van 'The Gardens of Buitenzorg', gespeeld door Leopold Godowsky zelf, is te vinden op YouTube (https://rebrand.ly/gardensofbuitenzorg). Van Paul Seelig zijn enkele muziekfragmenten te vinden op www.muziekweb.nl, uitgevoerd door Henk Mak van Dijk. De pianostukken komen van de cd *Herinneringen uit Java, Klassieke pianomuziek uit Nederlands-Indië*, die bij makvandijk@hotmail.com te bestellen is.

Wilt u op de hoogte gehouden worden van het laatste nieuws, lezingen en nieuw werk van Jan Brokken, stuur dan een mail met uw adresgegevens onder vermelding van Jan Brokken naar info@atlascontact.nl.

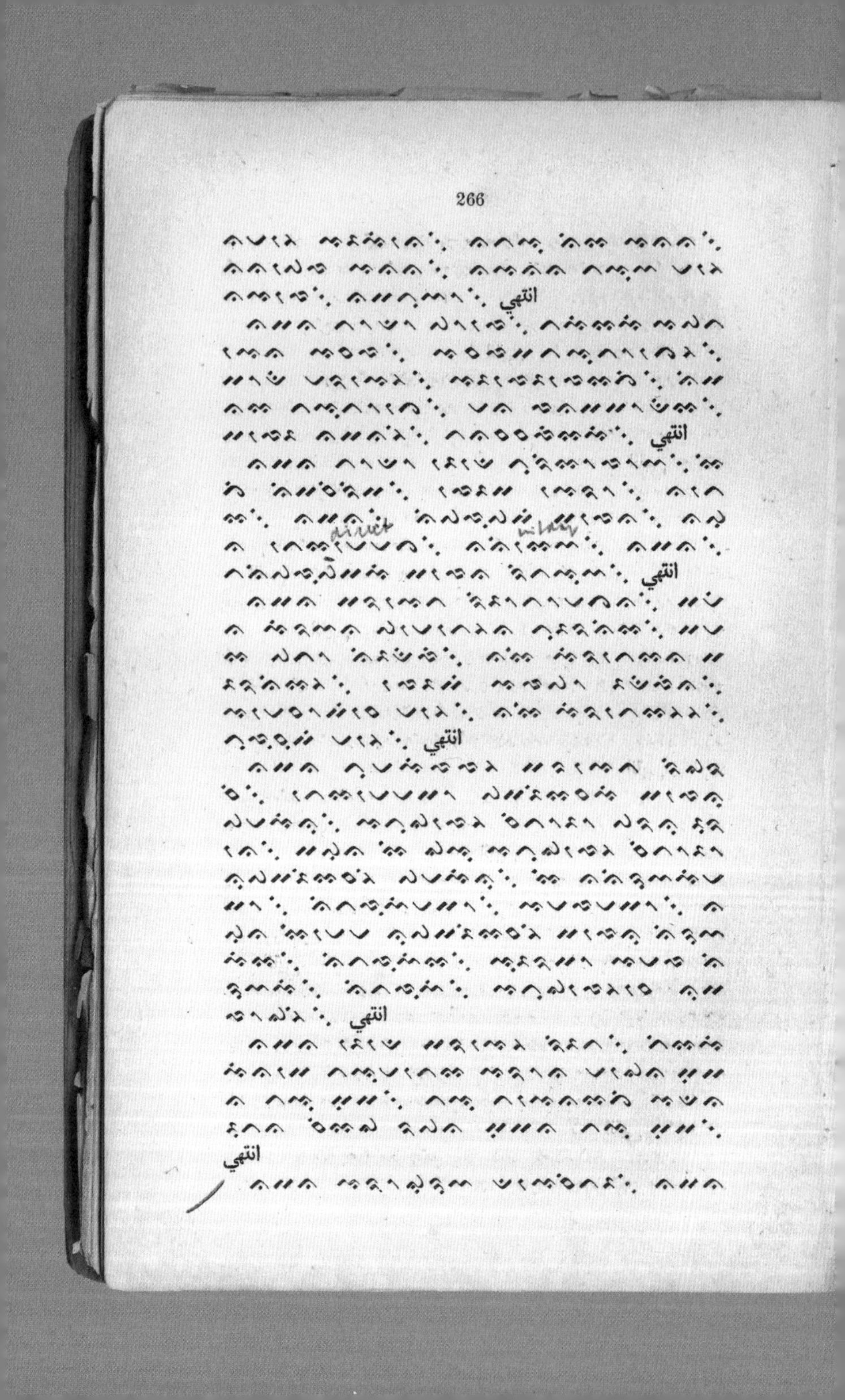

[illegible] انتهي

[illegible] انتهي

[illegible] انتهي

[illegible] انتهي

[illegible] انتهي

[illegible] انتهي

[illegible]